ŒUVRES
COMPLETES
D'HELVÉTIUS.

TOME CINQUIEME.

A PARIS,

DE L'IMPRIMERIE DE P. DIDOT L'AÎNÉ.

L'AN IIIe DE LA RÉPUBLIQUE.

1795.

ŒUVRES

COMPLETES

D'HELVÉTIUS.

TOME CINQUIEME.

DE L'ESPRIT.

SUITE

DU DISCOURS III.

Si l'Esprit doit être considéré comme un don de la nature, ou comme un effet de l'éducation.

CHAPITRE XXVI.

De quel degré de passion les hommes sont susceptibles.

Si, pour déterminer ce degré, je me transporte sur les montagnes de l'Abyssinie, j'y vois, à l'ordre de leurs kalifes, des hommes, impatients de la mort, se précipiter, les uns sur la pointe des poignards et des rochers, et les autres dans les abymes de la mer. On ne leur propose cependant point d'autre récompense que les plaisirs célestes promis à tous les musulmans; mais la possession leur en paroît plus assurée. En conséquence le desir d'en jouir se fait plus vivement sentir en eux, et leurs efforts pour les mériter sont plus grands.

Nulle autre part que dans l'Abyssinie on n'employoit autant de soin et d'art pour affermir la croyance de ces aveugles et zélés exécuteurs des volontés du prince. Les victimes destinées à cet emploi ne recevoient et n'auroient reçu nulle part une éducation si propre à former des fanatiques. Transportés dès l'âge le plus tendre dans un endroit écarté, désert et sauvage, du serrail, c'est là qu'on égaroit leur raison dans les ténebres de la foi musulmane, qu'on leur annonçoit la mission, la loi de Mahomet, les prodiges opérés par ce prophete, et l'entier dévouement dû aux ordres du kalife; c'est là qu'en leur faisant les descriptions les plus voluptueuses du paradis on excitoit en eux la soif la plus ardente des plaisirs célestes. A peine avoient-ils atteint cet âge où l'on est prodigue de son être, où, par des desirs fougueux, la nature marque et l'impatience et la puissance qu'elle a de jouir des plaisirs les plus vifs, qu'alors, pour fortifier la croyance d'un jeune homme, et l'enflammer du fanatisme le plus violent, les prêtres, après avoir mêlé dans sa boisson une liqueur assoupissante, le transportoient pendant son sommeil de sa triste demeure dans un bosquet charmant destiné à cet usage.

Là, couché sur des fleurs, entouré de fontaines jaillissantes, il repose jusqu'au moment où l'aurore, en rendant la forme et la couleur à l'univers, éveille toutes les puissances productrices de la nature, et fait circuler l'amour dans les veines de la jeunesse. Frappé de la nouveauté des objets qui l'environnent, le jeune homme porte par-tout ses regards, et les arrête sur des femmes charmantes que son imagination crédule transforme en houris. Complices de la fourbe des prêtres, elles sont instruites dans l'art de séduire: il les voit s'avancer vers lui en dansant; elles jouissent du spectacle de sa surprise; par mille jeux enfantins elles excitent en lui des desirs inconnus, opposent la gaze légere d'une feinte pudeur à l'impatience des desirs, qui s'en irritent: elles cedent enfin à son amour. Alors, substituant à ces jeux enfantins les caresses emportées de l'ivresse, elles le plongent dans ce ravissement dont l'ame ne peut qu'à peine supporter les délices. A cette ivresse succede un sentiment tranquille, mais voluptueux, qui bientôt est interrompu par de nouveaux plaisirs; jusqu'à ce qu'enfin, épuisé de desirs, ce jeune homme, assis par ces mêmes femmes dans un banquet délicieux, y soit enivré de nouveau, et reporté pendant son sommeil dans sa premiere demeure. Il y cherche à son réveil les objets qui l'ont enchanté; ils ont, comme une vision trompeuse, disparu à ses yeux. Il appelle encore les houris; il ne retrouve près de lui que des imans : il leur raconte les songes qui l'ont fatigué. A ce récit, le front attaché sur la terre, les imans s'écrient : « O vase « d'élection! ô mon fils! sans doute

« que notre saint prophete t'a ravi « aux cieux, t'a fait jouir des plaisirs « réservés aux fideles, pour fortifier « ta foi et ton courage. Mérite donc « une pareille faveur par un dé- « vouement absolu aux ordres du « kalife. »

C'est par une semblable éducation que ces dervis animoient les Ismaélites de la plus ferme croyance : c'est ainsi qu'ils leur faisoient prendre, si je l'ose dire, la vie en haine et la mort en amour ; qu'ils leur faisoient considérer les portes du trépas comme une entrée aux plaisirs célestes, et leur inspiroient enfin ce courage déterminé qui pendant quelques instants a fait l'étonnement de l'univers.

Je dis quelques instants, parceque cette espece de courage disparoît bientôt avec la cause qui le produit. De toutes les passions, celle du fanatisme, qui, fondée sur le desir des plaisirs célestes, est sans contredit la plus forte, est toujours chez un peuple la passion la moins durable, parceque le fanatisme ne s'établit que sur des prestiges et des séductions dont la raison doit insensiblement saper les fondements. Aussi les Arabes, les Abyssins, et généralement tous les peuples mahométans, perdirent-ils dans l'espace d'un siecle toute la supériorité de courage qu'ils avoient sur les autres nations; et c'est en ce point qu'ils furent fort inférieurs aux Romains.

La valeur de ces derniers, excitée par la passion du pâtriotisme, et fondée sur des récompenses réelles et temporelles, eût toujours été la même, si le luxe n'eût passé à Rome avec les dépouilles de l'Asie, si le desir des richesses n'eût brisé les liens qui unissoient l'intérêt personnel à l'intérêt général, et n'eût à-la-fois corrompu chez ce peuple et les mœurs et la forme du gouvernement.

Je ne puis m'empêcher d'observer au sujet de ces deux especes de courages, fondés, l'un sur un fanatisme de religion, l'autre sur l'amour de la patrie, que le dernier est le seul qu'un habile législateur doive inspirer à ses concitoyens. Le courage fanatique s'affoiblit et s'éteint bientôt. D'ailleurs, ce courage prenant sa source dans l'aveuglement et la superstition, dès qu'une nation a perdu son fanatisme, il ne lui reste que sa stupidité : alors elle devient le mépris de tous les peuples, auxquels elle est réellement inférieure à tous égards.

C'est à la stupidité musulmane que les chrétiens doivent tant d'avantages remportés sur les Turcs, qui, par leur nombre seul, dit le chevalier Folard, seroient si redoutables s'ils faisoient quelques légers changements dans leur ordre de bataille, leur discipline, et leur armure; s'ils quittoient le sabre pour la baïonnette, et qu'ils pussent enfin sortir de l'abrutissement où la superstition les retiendra toujours: tant leur religion, ajoute cet illustre auteur, est propre à éterniser la stupidité et l'incapacité de cette nation.

J'ai fait voir que les passions pouvoient, si je l'ose dire, s'exalter en nous jusqu'au prodige: vérité prouvée, et par le courage désespéré des Ismaélites, et par les méditations des Gymnosophistes, dont le noviciat ne s'achevoit qu'en trente-sept ans de retraite, d'étude, et de silence, et par les macérations barbares et continues des fakirs, et par la fureur vengeresse des Japonais (1), et par les duels des Européens, et enfin par la fermeté des gladiateurs, de ces hommes pris au hasard, qui, frappés du coup mortel, tomboient et mouroient sur l'arene avec le même courage qu'ils y avoient combattu.

Tous les hommes, comme je m'étois proposé de le prouver, sont donc en général susceptibles d'un degré de passion plus que suffisant pour les faire triompher de leur paresse, et les douer de la continuité d'attention à laquelle est attachée la supériorité des lumieres.

La grande inégalité d'esprit qu'on apperçoit entre les hommes dépend donc uniquement, et de la différente

(1) Ils se fendent le ventre en présence de celui qui les a offensés ; et celui-ci est, sous peine d'infamie, pareillement contraint de se l'ouvrir.

éducation qu'ils reçoivent, et de l'enchaînement inconnu et divers des circonstances dans lesquelles ils se trouvent placés.

En effet, si toutes les opérations de l'esprit se réduisent à sentir, à se ressouvenir, et à observer les rapports que ces divers objets ont entre eux et avec nous, il est évident que tous les hommes étant doués, comme je viens de le montrer, de la finesse de sens, de l'étendue de mémoire, et enfin de la capacité d'attention, nécessaires pour s'élever aux plus hautes idées; parmi les hommes communément bien organisés (1), il n'en est par conséquent aucun qui ne puisse s'illustrer par de grands talents.

(1) C'est-à-dire ceux dans l'organisation desquels on n'apperçoit aucun défaut, tels que sont la plupart des hommes.

J'ajouterai, comme une seconde démonstration de cette vérité, que tous les faux jugements, ainsi que je l'ai prouvé dans mon premier discours, sont l'effet ou de l'ignorance ou des passions : de l'ignorance, lorsqu'on n'a point dans sa mémoire les objets de la comparaison desquels doit résulter la vérité que l'on cherche : des passions, lorsqu'elles sont tellement modifiées que nous avons intérêt à voir les objets différents de ce qu'ils sont. Or ces deux causes uniques et générales de nos erreurs sont deux causes accidentelles. L'ignorance, premièrement, n'est point nécessaire; elle n'est l'effet d'aucun défaut d'organisation, puisqu'il n'est point d'homme, comme je l'ai montré au commencement de ce discours, qui ne soit doué d'une mémoire capable de contenir infiniment plus d'objets que n'en exige la découverte des plus hautes vérités. A l'égard des passions, les besoins physiques étant les seules passions immédiatement données par la nature, et les besoins n'étant jamais trompeurs, il est encore évident que le défaut de justesse dans l'esprit n'est point l'effet d'un défaut dans l'organisation ; que nous avons tous en nous la puissance de porter les mêmes jugements sur les mêmes choses. Or, voir de même, c'est avoir également d'esprit. Il est donc certain que l'inégalité d'esprit apperçue dans les hommes que j'appelle communément bien organisés ne dépend nullement de l'excellence plus ou moins grande de leur organisation (1), mais de l'éducation diffé-

(1) J'observerai à ce sujet que, si le titre d'homme d'esprit, comme je l'ai fait

rente qu'ils reçoivent, des circonstances diverses dans lesquelles ils se trouvent, enfin du peu d'habitude qu'ils ont de penser, de la haine qu'en con-

voir dans le second discours, n'est point accordé au nombre, à la finesse, mais au choix heureux des idées qu'on présente au public; et si le hasard, comme l'expérience le prouve, nous détermine à des études plus ou moins intéressantes, et choisit presque toujours pour nous les sujets que nous traitons; ceux qui regardent l'esprit comme un don de la nature sont, dans cette supposition-là même, obligés de convenir que l'esprit est plutôt l'effet du hasard que de l'excellence de l'organisation; et qu'on ne peut le regarder comme un pur don de la nature, à moins d'entendre par le mot *nature* l'enchaînement éternel et universel qui lie ensemble tous les évènements du monde, et dans lequel l'idée même du hasard se trouve comprise.

séquence ils contractent dans leur premiere jeunesse pour l'application, dont ils deviennent absolument incapables dans un âge plus avancé.

Quelque probable que soit cette opinion, comme sa nouveauté peut encore étonner, qu'on se détache difficilement de ses anciens préjugés, et qu'enfin la vérité d'un systême se prouve par l'explication des phénomenes qui en dépendent, je vais, conséquemment à mes principes, montrer dans le chapitre suivant pourquoi l'on trouve si peu de gens de génie parmi tant d'hommes tous faits pour en avoir.

CHAPITRE XXVII.

Du rapport des faits avec les principes ci-dessus établis.

L'EXPÉRIENCE semble démentir mes raisonnements, et cette contradiction apparente peut rendre mon opinion suspecte. Si tous les hommes, dira-t-on, avoient une égale disposition à l'esprit, pourquoi, dans un royaume composé de quinze à dix-huit millions d'ames, voit-on si peu de Turenne, de Rosny, de Colbert, de Descartes, de Corneille, de Moliere, de Quinault, de Lebrun, de ces hommes enfin cités comme l'honneur de leur siecle et de leur pays?

Pour résoudre cette question, qu'on examine la multitude des circonstances dont le concours est absolument nécessaire pour former des hommes illustres en quelque genre que ce soit, et l'on avouera que les hommes sont si rarement placés dans ce concours heureux de circonstances, que les génies du premier ordre doivent être en effet aussi rares qu'ils le sont.

Supposons en France seize millions d'ames douées de la plus grande disposition à l'esprit; supposons dans le gouvernement un desir vif de mettre ces dispositions en valeur: si, comme l'expérience le prouve, les livres, les hommes, et les secours propres à développer en nous ces dispositions, ne se trouvent que dans une ville opulente, c'est par conséquent dans les huit cent mille ames qui vivent ou qui ont long-temps vécu à Paris (1) qu'on

(1) Qu'on parcoure la liste des grands

doit chercher et qu'on peut trouver des hommes supérieurs dans les différents genres de sciences et d'arts. Or, de ces huit cent mille ames, si d'abord on en supprime la moitié, c'est-à-dire les femmes, dont l'éducation et la vie s'opposent aux progrès qu'elles pourroient faire dans les sciences et les arts; qu'on en retranche encore les enfants, les vieillards, les artisans,

hommes, on verra que les Moliere, les Quinault, les Corneille, les Condé, les Pascal, les Fontenelle, les Malebranche, etc., ont, pour perfectionner leur esprit, eu besoin du secours de la capitale; que les talents campagnards sont toujours condamnés à la médiocrité; et que les muses, qui recherchent avec tant d'empressement les bois, les fontaines et les prairies, ne seroient que des villageoises si elles ne prenoient de temps en temps l'air des grandes villes.

les manœuvres, les domestiques, les moines, les soldats, les marchands, et généralement tous ceux qui, par leur état, leurs dignités, leurs richesses, sont assujettis à des devoirs ou livrés à des plaisirs qui remplissent une partie de leur journée; si l'on ne considere enfin que le petit nombre de ceux qui, placés dès leur jeunesse dans cet état de médiocrité où l'on n'éprouve d'autre peine que celle de ne pouvoir soulager tous les malheureux, où d'ailleurs on peut sans inquiétude se livrer tout entier à l'étude et à la méditation: il est certain que ce nombre ne peut excéder celui de six mille; que de ces six mille il n'en est pas six cents, il n'en est pas la moitié, qui soient échauffés de ce desir au degré de chaleur propre à féconder en eux les grandes idées; qu'on n'en comptera pas cent qui au desir de s'instruire joignent la constance et la patience nécessaires pour perfectionner leurs talents, et qui réunissent ainsi deux qualités que la vanité trop impatiente de se produire rend presque toujours inalliables; qu'enfin il n'en est peut-être pas cinquante qui, dans leur premiere jeunesse, toujours appliqués au même genre d'étude, toujours insensibles à l'amour et à l'ambition, n'aient, ou dans des études trop variées, ou dans les plaisirs, ou dans les intrigues, perdu des moments dont la perte est toujours irréparable pour quiconque veut se rendre supérieur en quelque science ou quelque art que ce soit. Or, de ce nombre de cinquante, qui, divisé par celui des divers genres d'étude, ne donneroit qu'un ou deux hommes dans chaque genre, si je déduis ceux qui n'ont pas lu les ouvrages, vécu avec les hommes les plus propres à les éclairer, et que de ce nombre ainsi réduit je retranche encore tous ceux dont la mort, les renversements de fortune, ou d'autres accidents pareils, ont arrêté les progrès ; je dis que, dans la forme actuelle de notre gouvernement, la multitude des circonstances dont le concours est absolument nécessaire pour former de grands hommes s'oppose à leur multiplication, et que les gens de génie doivent être aussi rares qu'ils le sont.

C'est donc uniquement dans le moral qu'on doit chercher la véritable cause de l'inégalité des esprits. Alors, pour rendre compte de la disette ou de l'abondance des grands hommes dans certains siecles ou certains pays, on n'a plus recours aux influences de l'air, aux différents éloignements où les climats sont du soleil, ni à tous les raisonnements pareils, qui, toujours répétés, ont toujours été démentis par l'expérience et l'histoire.

Si la différente température des climats avoit tant d'influence sur les ames et sur les esprits, pourquoi les Romains (1), si magnanimes, si audacieux, sous un gouvernement républicain, seroient-ils aujourd'hui si mous et si efféminés? pourquoi ces Grecs et ces Égyptiens qui, jadis re-

(1) En avouant que les Romains d'aujourd'hui ne ressemblent point aux anciens Romains, quelques uns prétendent qu'ils ont ceci de commun, c'est d'être les maîtres du monde. Si l'ancienne Rome, disent-ils, le conquit par ses vertus et sa valeur, Rome moderne l'a reconquis par ses ruses et ses artifices politiques; et le pape Grégoire VII est le César de cette seconde Rome.

commandables par leur esprit et leur vertu, étoient l'admiration de la terre, en sont-ils aujourd'hui le mépris? pourquoi ces Asiatiques, si braves sous le nom d'Éléamites, si lâches et si vils du temps d'Alexandre sous celui de Perses, seroient-ils, sous le nom de Parthes, devenus la terreur de Rome dans un siecle où les Romains n'avoient encore rien perdu de leur courage et de leur discipline? pourquoi les Lacédémoniens, les plus braves et les plus vertueux des Grecs tant qu'ils furent religieux observateurs des lois de Lycurgue, perdirent-ils l'une et l'autre de ces réputations, lorsqu'après la guerre du Péloponnese ils eurent laissé introduire l'or et le luxe chez eux? pourquoi ces anciens Cattes, si redoutables aux Gaulois, n'auroient-ils plus le même courage? pourquoi ces Juifs, si souvent défaits par leurs ennemis, montrerent-ils, sous la conduite des Machabées, un courage digne des nations les plus belliqueuses? pourquoi les sciences et les arts, tour-à-tour cultivés et négligés chez différents peuples, ont-ils successivement parcouru presque tous les climats?

Dans un dialogue de Lucien, « Ce « n'est point en Grece, dit la Philo« sophie, que je fis ma premiere de« meure. Je portai d'abord mes pas « vers l'Indus; et l'Indien, pour m'é« couter, descendit humblement de « son éléphant. Des Indes je tournai « vers l'Éthiopie; je me transportai « en Égypte : d'Égypte je passai à « Babylone; je m'arrêtai en Scythie; « je revins par la Thrace : je conver« sai avec Orphée, et Orphée m'ap« porta en Grece. »

Pourquoi la philosophie a-t-elle

passé de la Grece dans l'Hespérie, de l'Hespérie à Constantinople et dans l'Arabie? et pourquoi, repassant d'Arabie en Italie, a-t-elle trouvé des asyles dans la France, l'Angleterre, et jusques dans le nord de l'Europe? Pourquoi ne trouve-t-on plus de Phocion à Athenes, de Pélopidas à Thebes, de Décius à Rome? La température de ces climats n'a pas changé: à quoi donc attribuer la transmigration des arts, des sciences, du courage, et de la vertu, si ce n'est à des causes morales?

C'est à ces causes que nous devons l'explication d'une infinité de phénomenes politiques qu'on essaie en vain d'expliquer par le physique. Tels sont les conquêtes des peuples du nord, l'esclavage des orientaux, le génie allégorique de ces mêmes nations, la supériorité de certains peuples dans certains genres de sciences; supériorité qu'on cessera, je pense, d'attribuer à la différente température des climats, lorsque j'aurai rapidement indiqué la cause de ces principaux effets.

CHAPITRE XXVIII.

Des conquêtes des peuples du nord.

La cause physique des conquêtes des septentrionaux est, dit-on, renfermée dans cette supériorité de courage ou de force dont la nature a doué les peuples du nord préférablement à ceux du midi. Cette opinion, propre à flatter l'orgueil des nations de l'Europe, qui presque toutes tirent leur origine des peuples du nord, n'a point trouvé de contradicteurs. Cependant, pour s'assurer de la vérité d'une opinion si flatteuse, examinons si les septentrionaux sont réellement plus courageux et plus forts que les peuples du midi. Pour cet effet sachons d'abord ce que c'est que le courage, et remontons jusqu'aux principes qui peuvent jeter du jour sur une des questions les plus importantes de la morale et de la politique.

Le courage n'est dans les animaux que l'effet de leurs besoins : ces besoins sont-ils satisfaits? ils deviennent lâches. Le lion affamé attaque l'homme; le lion rassasié le fuit. La faim de l'animal une fois appaisée, l'amour de tout être pour sa conservation l'éloigne de tout danger. Le courage dans les animaux est donc un effet de leur besoin. Si nous donnons le nom de timides aux animaux pâturants, c'est qu'ils ne sont pas forcés de combattre pour se nourrir, c'est qu'ils n'ont nuls motifs de braver les dangers : ont-ils un besoin ? ils ont du courage ; le cerf en rut est aussi furieux qu'un animal vorace.

Appliquons à l'homme ce que j'ai dit des animaux. La mort est toujours précédée de douleurs, la vie toujours accompagnée de quelques plaisirs. On est donc attaché à la vie par la crainte de la douleur et par l'amour du plaisir : plus la vie est heureuse, plus on craint de la perdre ; et de là les horreurs qu'éprouvent à l'instant de la mort ceux qui vivent dans l'abondance. Au contraire, moins la vie est heureuse, moins on a de regret à la quitter : de là cette insensibilité avec laquelle le paysan attend la mort.

Or, si l'amour de notre être est fondé sur la crainte de la douleur et l'amour du plaisir, le desir d'être heureux est donc en nous plus puissant que le desir d'être. Pour obtenir l'objet à la possession duquel on attache son bonheur, chacun est donc capable de s'exposer à des dangers plus ou moins grands, mais toujours proportionnés au desir plus ou moins vif qu'il a de posséder cet objet (1). Pour être absolument sans courage, il faudroit être absolument sans desir.

Les objets des desirs des hommes sont variés; ils sont animés de passions différentes; telles sont l'avarice, l'ambition, l'amour de la patrie, celui des femmes, etc. En conséquence, l'homme capable des résolutions les

(1) La nation la plus courageuse est, par cette raison, la nation où la valeur est le mieux récompensée, et la lâcheté le plus punie.

plus hardies pour satisfaire une certaine passion sera sans courage lorsqu'il s'agira d'une autre passion. On a vu mille fois le Flibustier, animé d'une valeur plus qu'humaine lorsqu'elle étoit soutenue par l'espoir du butin, se trouver sans courage pour se venger d'un affront. César, qu'aucun péril n'étonnoit quand il marchoit à la gloire, ne montoit qu'en tremblant dans son char, et ne s'y asséioit jamais qu'il n'eût superstitieusement récité trois fois un certain vers qu'il s'imaginoit devoir l'empêcher de verser (1). L'homme timide que tout danger effraie peut s'animer d'un courage désespéré, s'il s'agit de défendre sa femme, sa maîtresse, ou ses enfants. Voilà de quelle maniere on peut ex-

(1) Voyez l'*Histoire critique de la philosophie.*

pliquer une partie des phénomenes du courage, et la raison pour laquelle le même homme est brave ou timide selon les circonstances diverses dans lesquelles il est placé.

Après avoir prouvé que le courage est un effet de nos besoins, une force qui nous est communiquée par nos passions, et qui s'exerce sur les obstacles que le hasard ou l'intérêt d'autrui mettent à notre bonheur, il faut maintenant, pour prévenir toute objection et jeter plus de jour sur une matiere si importante, distinguer deux especes de courage.

Il en est un que je nomme vrai courage : il consiste à voir le danger tel qu'il est, et à l'affronter. Il en est un autre qui n'en a, pour ainsi dire, que les effets : cette espece de courage commun à presque tous les hommes leur fait braver les dangers, parcequ'ils les ignorent; parceque les passions, en fixant toute leur attention sur l'objet de leurs desirs, leur dérobent du moins une partie du péril auquel elles les exposent.

Pour avoir une mesure exacte du vrai courage de ces sortes de gens, il faudroit pouvoir en soustraire toute la partie du danger que les passions ou les préjugés leur cachent ; et cette partie est ordinairement très considérable. Proposez le pillage d'une ville à ce même soldat qui monte avec crainte à l'assaut, l'avarice fascinera ses yeux ; il attendra impatiemment l'heure de l'attaque ; le danger disparoîtra ; il sera d'autant plus intrépide qu'il sera plus avide. Mille autres causes produisent l'effet de l'avarice. Le vieux soldat est brave, parceque l'habitude d'un péril auquel il a toujours échappé rend à ses yeux le péril nul; le soldat victorieux marche à l'ennemi avec intrépidité, parcequ'il ne s'attend point à sa résistance, et croit triompher sans danger. Celui-ci est hardi, parcequ'il se croit heureux; celui-là, parcequ'il se croit dur; un troisieme, parcequ'il se croit adroit. Le courage est donc rarement fondé sur un vrai mépris de la mort. Aussi l'homme intrépide l'épée à la main sera souvent poltron au combat du pistolet. Transportez sur un vaisseau le soldat qui brave la mort dans le combat, il ne la verra qu'avec horreur dans la tempête, parcequ'il ne la voit réellement que là.

Le courage est donc souvent l'effet d'une vue peu nette du danger qu'on affronte, ou de l'ignorance entiere de ce même danger. Que d'hommes sont saisis d'effroi au bruit du tonnerre, et craindroient de passer une nuit dans un bois éloigné des grandes routes, lorsqu'on n'en voit aucun qui n'aille de nuit et sans crainte de Paris à Versailles! Cependant la mal-adresse d'un postillon, ou la rencontre d'un assassin dans une grande route, sont des accidents plus communs, et par conséquent plus à craindre, qu'un coup de tonnerre ou la rencontre de ce même assassin dans un bois écarté. Pourquoi donc la frayeur est-elle plus commune dans le premier cas que dans le second? C'est que la lueur des éclairs et le bruit du tonnerre, ainsi que l'obscurité des bois, présentent chaque instant à l'esprit l'image d'un péril que ne réveille point la route de Paris à Versailles. Or il est peu d'hommes qui soutiennent la présence du danger : cet aspect a sur eux tant de puissance, qu'on a vu des hommes, honteux de leur lâcheté, se tuer, et ne pouvoir se venger d'un affront.

L'aspect de leur ennemi étouffoit en eux le cri de l'honneur. Il falloit, pour y obéir, que, seuls et s'échauffant eux-mêmes de ce sentiment, ils saisissent le moment d'un transport pour se donner, si je l'ose dire, la mort sans s'en appercevoir. C'est aussi pour prévenir l'effet que produit sur presque tous les hommes la vue du danger, qu'à la guerre, non content de ranger les soldats dans un ordre qui rend leur fuite très difficile, on veut encore en Asie les échauffer d'opium, en Europe d'eau-de-vie, et les étourdir ou par le bruit du tambour ou par les cris qu'on leur fait jeter (1).

(1) Le maréchal de Saxe, en parlant des Prussiens, dit à ce sujet, dans ses *Rêveries*, que l'habitude où ils sont de charger leurs armes en marchant est très bonne. Distrait par cette occupation, le soldat, ajoute-t-il, en voit moins le dan-

C'est par ce moyen que, leur cachant une partie du danger auquel on les expose, on met leur amour pour l'honneur en équilibre avec leur crainte. Ce que je dis des soldats je le dis des capitaines; entre les plus courageux, il en est peu qui, dans le lit ou sur l'échafaud (1), considerent

ger. En parlant d'un peuple nommé *les Aries*, qui se peignoient le corps d'une maniere effroyable, pourquoi Tacite dit-il que dans un combat les yeux sont les premiers vaincus? C'est qu'un objet nouveau rappelle plus distinctement à la mémoire du soldat l'image de la mort, qu'il n'entrevoyoit que confusément.

(1) Si les jeunes montrent en général plus de courage au lit de la mort, et plus de foiblesse sur l'échafaud, que les vieillards, c'est que, dans le premier cas, les jeunes gens conservent plus d'espoir, et que, dans le second, ils font une plus grande perte.

la mort d'un œil tranquille. Quelle foiblesse ce maréchal de Biron, si brave dans les combats, ne montra-t-il pas au supplice!

Pour soutenir la présence du trépas il faut être, ou dégoûté de la vie, ou dévoré de ces passions fortes qui déterminerent Calanus, Caton, et Porcie, à se donner la mort. Ceux qu'animent ces fortes passions n'aiment la vie qu'à certaines conditions : leur passion ne leur cache point le danger auquel ils s'exposent; ils le voient tel qu'il est, et le bravent. Brutus veut affranchir Rome de la tyrannie, il assassine César; il leve une armée, attaque, combat Octave; il est vaincu, il se tue : la vie lui est insupportable sans la liberté de Rome.

Quiconque est susceptible de passions aussi vives est capable des plus grandes choses : non seulement il brave la mort, mais encore la douleur. Il n'en est pas ainsi de ces hommes qui se donnent la mort par dégoût pour la vie : ils méritent presque autant le nom de sages que de courageux ; la plupart seroient sans courage dans les tortures ; ils n'ont point assez de vie et de force en eux pour en supporter les douleurs. Le mépris de la vie n'est point en eux l'effet d'une passion forte, mais de l'absence des passions ; c'est le résultat d'un calcul par lequel ils se prouvent qu'il vaut mieux n'être pas que d'être malheureux. Or cette disposition de leur ame les rend incapables des grandes choses. Quiconque est dégoûté de la vie s'occupe peu des affaires de ce monde. Aussi, parmi tant de Romains qui se sont volontairement donné la mort, en est-il peu qui, par le massacre des tyrans, aient osé la rendre utile à leur patrie. En vain diroit-on que la garde qui de toutes parts environnoit les palais de la tyrannie leur en défendoit l'accès : c'étoit la crainte des supplices qui désarmoit leur bras. De pareils hommes se noient, se font ouvrir les veines, mais ne s'exposent point à des supplices cruels; nul motif ne les y détermine.

C'est la crainte de la douleur qui nous explique toutes les bizarreries de cette espece de courage. Si l'homme assez courageux pour se brûler la cervelle n'ose se frapper d'un coup de stylet; s'il a de l'horreur pour certains genres de mort, cette horreur est fondée sur la crainte, vraie ou fausse, d'une plus grande douleur.

Les principes ci-dessus établis donnent, je pense, la solution de toutes les questions de ce genre, et prouvent que le courage n'est point, comme quelques uns le prétendent, un effet de la température différente des climats, mais des passions et des besoins communs à tous les hommes. Les bornes de mon sujet ne me permettent pas de parler ici des divers noms donnés au courage, tels que ceux de *bravoure*, de *valeur*, d'*intrépidité*, etc. Ce ne sont proprement que des manieres différentes dont le courage se manifeste.

Cette question examinée, je passe à la seconde. Il s'agit de savoir si, comme on le soutient, on doit attribuer les conquêtes des peuples du nord à la force et à la vigueur particuliere dont la nature, dit-on, les a doués.

Pour s'assurer de la vérité de cette opinion, c'est en vain qu'on auroit recours à l'expérience. Rien n'indique jusqu'à présent à l'examinateur scrupuleux que la nature soit, dans ses productions du septentrion, plus forte que dans celles du midi. Si le nord a ses ours blancs et ses orox, l'Afrique a ses lions, ses rhinocéros et ses éléphants. On n'a point fait lutter un certain nombre de Negres de la Côte d'or ou du Sénégal avec un pareil nombre de Russes ou de Finlandois; on n'a point mesuré l'inégalité de leur force par la pesanteur différente des poids qu'ils pourroient soulever. On est si loin d'avoir rien constaté à cet égard, que, si je voulois combattre un préjugé par un préjugé, j'opposerois à tout ce qu'on dit de la force des gens du nord l'éloge qu'on fait de celle des Turcs. On ne peut donc appuyer l'opinion qu'on a de la force et du courage des septentrionaux que sur l'histoire de leurs conquêtes: mais alors toutes les nations peuvent avoir les mêmes prétentions, les justifier par les mêmes titres, et se croire toutes également favorisées de la nature.

Qu'on parcoure l'histoire, on y verra les Huns quitter les Palus-Méotides pour enchaîner des nations situées au nord de leur pays; on y verra les Sarrasins descendre en foule des sables brûlants de l'Arabie pour venger la terre, domter les nations, triompher des Espagnes, et porter la désolation jusques dans le cœur de la France; on verra ces mêmes Sarrasins briser d'une main victorieuse les étendards des croisés; et les nations de l'Europe, par des tentatives réitérées, multiplier dans la Palestine leurs défaites et leur honte. Si je porte mes regards sur d'autres régions, j'y vois encore la vérité de mon opinion confirmée, et par les triomphes de Tamerlan, qui, des bords de l'Indus, descend en conquérant jusqu'aux climats glacés de la Sibérie; et par les conquêtes des incas; et par la valeur des Égyptiens, qui, regardés du temps de Cyrus comme les peuples les plus courageux, se montrerent, à la bataille de Tembreia, si dignes de leur réputation; et enfin par ces Romains qui porterent leurs armes victorieuses jusques dans la Sarmatie et les îles britanniques. Or, si la victoire a volé alternativement du midi au nord et du nord au midi; si tous les peuples ont été tour-à-tour conquérants et conquis; si, comme l'histoire nous l'apprend, les peuples du septentrion ne sont pas moins sensibles aux ardeurs brûlantes du midi que les peuples du midi le sont à l'âpreté des froids du nord (1); et s'ils font la guerre avec un désavantage égal dans des climats trop différents du leur; il est évident que les conquêtes des septentrionaux sont absolument indépendantes de la température particuliere de leurs climats, et qu'on chercheroit en vain dans le physique la cause d'un fait dont le moral donne une explication simple et naturelle.

Si le nord a produit les derniers conquérants de l'Europe, c'est que des peuples féroces et encore sauvages, tels que l'étoient alors les sep-

(1) Tacite dit que, si les septentrionaux supportent mieux la faim et le froid que les méridionaux, ces derniers supportent mieux qu'eux la soif et la chaleur.

Le même Tacite, dans les *Mœurs des Germains*, dit qu'ils ne soutiennent point les fatigues de la guerre.

tentrionaux (1), sont, comme le remarque le chevalier Folard, infiniment plus courageux et plus propres

(1) Olaüs Vormius, dans ses *Antiquités danoises*, avoue qu'il a tiré la plupart de ses connoissances des rochers du Danemarck, c'est-à-dire des inscriptions qui y étoient gravées en caracteres runes ou gothiques. Ces rochers formoient une suite d'histoire et de chronologie qui composoit presque toute la bibliotheque du nord.

Pour conserver la mémoire de quelque évènement, on se servoit de pierres brutes d'une grosseur prodigieuse. Les unes étoient jetées confusément; on donnoit aux autres quelques symmétrie. On voit beaucoup de ces pierres dans la plaine de Salisbury en Angleterre, qui servoient de sépulture aux princes et aux héros bretons, comme le prouve la grande quantité d'ossements et d'armures qu'on en tire.

5.

à la guerre que des peuples nourris dans le luxe, la mollesse, et soumis au pouvoir arbitraire, comme l'étoient alors les Romains (1). Sous les derniers empereurs, les Romains n'étoient plus ce peuple qui, vainqueur des Gaulois et des Germains, tenoit encore le midi sous ses lois : alors ces maîtres du monde succomboient sous les mêmes vertus qui les avoient fait triompher de l'univers.

Mais, pour subjuguer l'Asie, ils

(1) Si les Gaulois, dit César, autrefois plus belliqueux que les Germains, leur cedent maintenant la gloire des armes, c'est depuis qu'instruits par les Romains dans le commerce, ils se sont enrichis et policés.

Ce qui est arrivé aux Gaulois, dit Tacite, est arrivé aux Bretons : ces deux peuples ont perdu leur courage avec leur liberté.

n'eurent, dira-t-on, qu'à lui porter des chaînes. La rapidité, répondrai-je, avec laquelle ils la conquirent ne prouve point la lâcheté des peuples du midi. Quelles villes du nord se sont défendues avec plus d'opiniâtreté que Marseille, Numance, Sagunte, Rhodes? Du temps de Crassus, les Romains ne trouverent-ils pas dans les Parthes des ennemis dignes d'eux? C'est donc à l'esclavage et à la mollesse des Asiatiques que les Romains durent la rapidité de leurs succès.

Lorsque Tacite dit que la monarchie des Parthes est moins redoutable aux Romains que la liberté des Germains, c'est à la forme du gouvernement de ces derniers qu'il attribue la supériorité de leur courage. C'est donc aux causes morales, et non à la température particulière des pays du nord, qu'on doit rapporter les conquêtes des septentrionaux.

CHAPITRE XXIX.

De l'esclavage et du génie allégorique des Orientaux.

ÉGALEMENT frappés de la pesanteur du despotisme oriental, et de la longue et lâche patience des peuples soumis à ce joug odieux, les occidentaux, fiers de leur liberté, ont eu recours aux causes physiques pour expliquer ce phénomene politique. Ils ont soutenu que la luxurieuse Asie n'enfantoit que des hommes sans force, sans vertu, et qui, livrés à des desirs brutaux, n'étoient nés que pour l'esclavage. Ils ont ajouté que les contrées du midi ne pouvoient en conséquence adopter qu'une religion sensuelle.

Leurs conjectures sont démenties par l'expérience et l'histoire. On sait que l'Asie a nourri des nations très belliqueuses; que l'amour n'amollit point le courage (1); que les nations les plus sensibles à ses plaisirs ont,

(1) Les Gaulois, dit Tacite, aimoient les femmes, avoient pour elles la plus grande vénération; ils leur croyoient quelque chose de divin, les admettoient dans leurs conseils, et délibéroient avec elles sur les affaires d'état. Les Germains en usoient de même avec les leurs: les décisions des femmes passoient chez eux pour des oracles. Sous Vespasien, une *Velleda*, avant elle une *Aurinia*, et plusieurs autres, s'étoient attiré la même vénération. C'est enfin, dit Tacite, à la société des femmes que les Germains doivent leur courage dans les combats, et leur sagesse dans les conseils.

comme le remarquent Plutarque et Platon, souvent été les plus braves et les plus courageuses; que le desir ardent des femmes ne peut jamais être regardé comme une preuve de la foiblesse du tempérament des Asiatiques (1); et qu'enfin, long-temps avant Mahomet, Odin avoit établi chez les nations les plus septentrionales une religion absolument semblable à celle du prophete de l'Orient (2).

Forcé d'abandonner cette opinion, et de restituer, si j'ose le dire, l'ame et le corps aux Asiatiques, on a cher-

(1) Au rapport du chevalier de Beaujeu, les septentrionaux ont toujours été très sensibles aux plaisirs de l'amour. Ogerius, *in Itinere Danico*, dit la même chose.

(2) Voyez, dans le chapitre XXV, l'exacte conformité de ces deux religions.

ché dans la position physique des peuples de l'orient la cause de leur servitude : en conséquence on a regardé le midi comme une vaste plaine dont l'étendue fournissoit à la tyrannie les moyens de retenir les peuples dans l'esclavage ; mais cette supposition n'est pas confirmée par la géographie. On sait que le midi de la terre est de toutes parts hérissé de montagnes ; que le nord, au contraire, peut être considéré comme une plaine vaste, déserte, et couverte de bois, comme vraisemblablement l'ont jadis été les plaines de l'Asie.

Après avoir inutilement épuisé les causes physiques pour y trouver les fondements du despotisme oriental, il faut bien avoir recours aux causes morales, et par conséquent à l'histoire. Elle nous apprend qu'en se poliçant les nations perdent insensiblement leur courage, leur vertu, et même leur amour pour la liberté; qu'incontinent après sa formation, toute société, selon les différentes circonstances où elle se trouve, marche, d'un pas plus ou moins rapide, à l'esclavage. Or les peuples du midi, s'étant les premiers rassemblés en société, doivent par conséquent avoir été les premiers soumis au despotisme, parceque c'est à ce terme qu'aboutit toute espece de gouvernement, et la forme que tout état conserve jusqu'à son entiere destruction.

Mais, diront ceux qui croient le monde plus ancien que nous ne le pensons, comment est-il encore des républiques sur la terre? Si toute société, leur répondra-t-on, tend, en se poliçant, au despotisme, toute puissance despotique tend à la dépopulation. Les climats soumis à ce pouvoir, incultes et dépeuplés après un certain nombre de siecles, se changent en déserts; les plaines où s'étendoient des villes immenses, où s'élevoient des édifices somptueux, se couvrent peu-à-peu de forêts, où se réfugient quelques familles qui insensiblement forment de nouvelles nations sauvages; succession qui doit toujours conserver des républiques sur la terre.

J'ajouterai seulement à ce que je viens de dire, que, si les peuples du midi sont les peuples le plus anciennement esclaves, et si les nations de l'Europe, à l'exception des Moscovites, peuvent être regardées comme des nations libres, c'est que ces nations sont plus nouvellement policées; c'est que, du temps de Tacite, les Germains et les Gaulois n'étoient encore que des especes de sauvages; et qu'à moins de mettre par la force des armes toute une nation à-la-fois dans les fers, ce n'est qu'après une longue suite de siecles, et par des tentatives insensibles, mais continues, que les tyrans peuvent étouffer dans les cœurs l'amour vertueux que tous les hommes ont naturellement pour la liberté, et avilir assez les ames pour les plier à l'esclavage. Une fois parvenu à ce terme, un peuple devient incapable d'aucun acte de générosité (1). Si les

(1) Dans ces pays, la magnanimité ne triomphe point de la vengeance. On ne verra point en Turquie ce qu'on a vu il y a quelques années en Angleterre. Le prince Édouard, poursuivi par les troupes du roi, trouve un asyle dans la maison d'un seigneur. Ce seigneur est accusé d'avoir donné retraite au prétendant: on le cite devant les juges; il s'y présente, et leur dit: « Souffrez qu'avant de subir l'inter-

nations de l'Asie sont le mépris de l'Europe, c'est que le temps les a soumises à un despotisme incompatible avec une certaine élévation d'ame. C'est ce même despotisme, destructeur de toute espece d'esprit et de talents, qui fait encore regarder la stupidité de certains peuples de l'orient comme l'effet d'un défaut d'organisation. Il seroit cependant facile

« rogatoire je vous demande lequel d'en« tre vous, si le prétendant se fût réfugié « dans sa maison, eût été assez vil et « assez lâche pour le livrer ». A cette question, le tribunal se tait, se leve, et renvoie l'accusé.

On ne voit point en Turquie de possesseur de terre s'occuper du bien de ses vassaux : un Turc n'établit point chez lui de manufacture; il ne supportera point avec un plaisir secret l'insolence de ses inférieurs; insolence qu'une fortune sud'appercevoir que la différence extérieure qu'on remarque, par exemple, dans la physionomie du Chinois et du Suédois ne peut avoir aucune influence sur leur esprit, et que, si toutes nos idées, comme l'a démontré M. Locke, nous viennent par les sens, les septentrionaux n'ayant point un plus grand nombre de sens que les orientaux, tous par consé-

bite inspire presque toujours à ceux qui naissent dans l'indigence. On n'entendra point sortir de sa bouche cette belle réponse que, dans un cas pareil, fit un seigneur anglais à ceux qui l'accusoient de trop de bonté : « Si je voulois plus de « respect de mes vassaux, je sais comme « vous que la misere a la voix humble et « timide; mais je veux leur bonheur, « et je rends graces au ciel, puisque leur « insolence m'assure maintenant qu'ils « sont plus riches et plus heureux. »

quent ont par leur conformation physique d'égales dispositions à l'esprit.

Ce n'est donc qu'à la différente constitution des empires, et par conséquent aux causes morales, qu'on doit attribuer toutes les différences d'esprit et de caractere qu'on découvre entre les nations. C'est, par exemple, à la forme de leur gouvernement que les orientaux doivent ce génie allégorique qui fait et qui doit réellement faire le caractere distinctif de leurs ouvrages. Dans les pays où les sciences ont été cultivées, où l'on conserve encore le desir d'écrire, où l'on est cependant soumis au pouvoir arbitraire, où par conséquent la vérité ne peut se présenter que sous quelque emblême, il est certain que les auteurs doivent insensiblement contracter l'habitude de ne penser qu'en allégorie. Ce fut aussi pour faire sentir à je ne sais quel tyran l'injustice de ses vexations, la dureté avec laquelle il traitoit ses sujets, et la dépendance réciproque et nécessaire qui unit les peuples et les souverains, qu'un philosophe indien inventa, dit-on, le jeu des échecs. Il en donna des leçons au tyran; lui fit remarquer que, si dans ce jeu les pieces devenoient inutiles après la perte du roi, le roi, après la prise de ses pieces, se trouvoit dans l'impuissance de se défendre, et que, dans l'un et l'autre cas, la partie étoit également perdue (1).

(1) Les visirs ont par de semblables adresses trouvé le moyen de donner des leçons utiles aux souverains. « Un roi « de Perse en colere déposa son grand « visir, et en mit un autre à sa place. « Néanmoins, parceque d'ailleurs il étoit « content des services du déposé, il lui

Je pourrois donner mille autres exemples de la forme allégorique sous laquelle les idées se présentent aux Indiens ; mais je me contente d'en ajouter un second. (Il n'est pas, je crois, nécessaire d'avertir que les écrivains orientaux sont dans l'usage de personnifier des êtres que nous

« dit de choisir dans ses états un endroit tel qu'il lui plairoit, pour y jouir le reste de ses jours, avec sa famille, des bienfaits qu'il avoit reçus de lui jusqu'alors. Le visir lui répondit : Je n'ai pas besoin de tous les biens dont votre majesté m'a comblé ; je la supplie de les reprendre ; et, si elle a encore quelque bonté pour moi, je ne lui demande pas un lieu qui soit habité, je lui demande avec instance de m'accorder quelque village désert que je puisse repeupler et rétablir avec mes gens, par mon travail, mes soins, et mon industrie. Le roi donna ordre

n'oserions animer). Ce sont donc trois contes personnifiés qui causent entre eux : « Ma foi, dit l'un, il n'y « a qu'heur et malheur dans ce « monde ; chacun nous méprise, et, « jusqu'à la plus frivole odalique, « personne ne nous croit ». — « Que « ne nous sommes-nous appelés his-

« qu'on cherchât quelques villages tels « qu'il les demandoit ; mais, après une « grande recherche, ceux qui en avoient « eu la commission vinrent lui rappor- « ter qu'ils n'en avoient pas trouvé un « seul. Le roi le dit au visir déposé, qui « lui dit : Je savois fort bien qu'il n'y « avoit pas un seul endroit ruiné dans « tous les pays dont le soin m'avoit été « confié. Ce que j'en ai fait a été afin « que votre majesté sût elle-même en « quel état je les lui rends, et qu'elle « en charge un autre qui puisse lui en « rendre un aussi bon compte ». Galland, *Bons mots des Orientaux*.

« toire! Sous ce nom, ajoute le se« cond, les savants nous auroient « consultés avec respect et con« fiance ». — « Vraiment, répond le « troisieme, si Visthnou, Brama, ou « Mahomet, m'eussent fait, et que « j'eusse porté le nom de religion, « je n'en serois pas moins un conte « absurde, et cependant la terre m'a« doreroit en tremblant : parmi les « têtes les plus fortes, peut-être n'en « est-il aucune qui pût assurer qu'elle « ne m'eût pas cru. »

Ces exemples feroient, je crois, sentir que la forme de gouvernement à laquelle les nations de l'orient doivent tant d'ingénieuses allégories a, dans ces mêmes nations, dû occasionner une grande disette d'historiens. En effet, le genre de l'histoire, qui suppose sans doute beaucoup d'esprit, n'en exige cependant pas davantage que tout autre genre d'écrire. Pourquoi donc, entre les écrivains, les bons historiens sont-ils si rares? C'est que, pour s'illustrer en ce genre, il faut non seulement naître dans l'heureux concours de circonstances propres à former un grand homme, mais encore dans les pays où l'on puisse impunément pratiquer la vertu et dire la vérité. Or le despotisme s'y oppose, et ferme la bouche aux historiens (1), si sa puissance n'est à cet égard enchaînée par quelque préjugé, quelque

(1) Si dans ces pays l'historien ne peut, sans s'exposer à de grands dangers, nommer les traîtres qui dans les siecles précédents ont quelquefois vendu leur patrie; s'il est forcé de sacrifier ainsi la vérité à la vanité de descendants souvent aussi coupables que leurs ancêtres; comment en ces pays un ministre feroit-il le bien public? Quels obstacles ne mettroient

superstition, ou quelque établissement particulier. Tel est à la Chine l'établissement d'un tribunal d'histoire; tribunal également sourd jusqu'aujourd'hui aux prieres comme aux menaces des rois (1).

point à ses projets des gens puissants, infiniment plus intéressés à la prolongation d'un abus qu'à la réputation de leurs peres? Comment dans ces gouvernements oser demander des vertus à un citoyen, oser déclamer contre la méchanceté des hommes? Ce ne sont point les hommes qui sont méchants, c'est la législation qui les rend tels, en punissant quiconque fait le bien et dit la vérité.

(1) Le tribunal d'histoire, dit M. Freret, est composé de deux sortes d'historiens. Les uns sont chargés d'écrire ce qui se passe au dehors du palais, c'est-à-dire tout ce qui concerne les affaires générales; et les autres, tout ce qui se passe et se dit au dedans, c'est-à-dire toutes les actions

Ce que je dis de l'histoire je le dis de l'éloquence. Si l'Italie fut si féconde en orateurs, ce n'est pas, comme l'a soutenu la savante imbécillité de quelques pédants de college, que le sol de Rome fût plus propre que celui de

et les discours du prince, des ministres, et des officiers. Chacun des membres de ce tribunal écrit sur une feuille tout ce qu'il a appris. Il la signe, et la jette, sans la communiquer à ses confreres, dans un grand tronc placé au milieu de la salle où l'on s'assemble. Pour faire connoître l'esprit de ce tribunal, M. Freret rapporte qu'un nommé T-sou-i-chong fit assassiner T-chouang-chong, dont il étoit le général. (C'étoit pour se venger de l'affront que ce prince lui avoit fait en lui enlevant sa femme). Le tribunal de l'histoire fit dresser une relation de cet évènement, et la mit dans ses archives. Le général, en ayant été informé, destitua le président, le condamna à mort, supprima la relation,

Lisbonne ou de Constantinople à produire de grands orateurs. Rome perdit au même instant son éloquence et sa liberté. Cependant nul accident arrivé à la terre n'avoit sous les empereurs changé le climat de Rome.

et nomma un autre président. A peine celui-ci fut-il en place qu'il fit faire de nouveaux mémoires de cet évènement pour remplacer la perte des premiers. Le général, instruit de cette hardiesse, cassa le tribunal, et en fit périr tous les membres. Aussitôt l'empire fut inondé d'écrits publics où la conduite du général étoit peinte avec les couleurs les plus noires. Il craignit une sédition ; il rétablit le tribunal de l'histoire.

Les annales de la dynastie des Tang rapportent un autre fait à ce sujet. Ta-i-t-song, deuxieme empereur de la dynastie des Tang, demanda un jour au président de ce même tribunal qu'il lui fît voir les mémoires destinés pour l'histoire de son

A quoi donc attribuer la disette d'orateurs où se trouverent alors les Romains, si ce n'est à des causes morales, c'est-à-dire aux changements arrivés dans la forme de leur gouvernement? Qui doute qu'en forçant les

regne. « Seigneur, lui dit le président, « songez que nous rendons un compte « exact des vices et des vertus des « souverains; que nous cesserions d'être « libres si vous persistiez dans votre « demande ». — « Eh quoi! lui répondit « l'empereur, vous qui me devez ce que « vous êtes, vous qui m'étiez si atta- « ché, voudriez-vous instruire la pos- « térité de mes fautes, si j'en commet- « tois »? — « Il ne seroit pas, reprit « le président, en mon pouvoir de les « cacher. Ce seroit avec douleur que je « les écrirois; mais tel est le devoir de « mon emploi, qu'il m'oblige même d'in- « struire la postérité de la conversation « que vous avez aujourd'hui avec moi. ».

orateurs à s'exercer sur de petits sujets (1), le despotisme n'ait tari les sources de l'éloquence? Sa force consiste principalement dans la grandeur des sujets qu'elle traite. Supposons qu'il fallût autant d'esprit pour écrire le panégyrique de Trajan que pour composer les Catilinaires : dans cette hypothese même, je dis que, par le choix de son sujet, Pline seroit resté fort inférieur à Cicéron. Ce dernier ayant à tirer les Romains de l'assoupissement où Catilina vouloit les surprendre, il avoit à réveiller en eux

(1) L'air de liberté que Tacite respira dans sa premiere jeunesse, sous le regne de Vespasien, donna du ressort à son ame. Il devint, dit M. l'abbé de la Bletterie, un homme de génie; et il n'eût été qu'un homme d'esprit s'il fût entré dans le monde sous le regne de Néron.

les passions de la haine et de la vengeance ; et comment un sujet si intéressant pour les maîtres du monde n'auroit-il pas fait déférer à Cicéron la palme de l'éloquence ?

Qu'on examine à quoi tiennent les reproches de barbarie et de stupidité que les Grecs, les Romains, et tous les Européens, ont toujours faits aux peuples de l'orient ; on verra que les nations n'ayant jamais donné le nom d'esprit qu'à l'assemblage des idées qui leur étoient utiles, et le despotisme ayant interdit dans presque toute l'Asie l'étude de la morale, de la métaphysique, de la jurisprudence, de la politique, enfin de toutes les sciences intéressantes pour l'humanité, les orientaux doivent en conséquence être traités de barbares, de stupides, par les peuples éclairés de l'Europe, et devenir éternellement le mépris des nations libres et de la postérité.

CHAPITRE XXX.

De la supériorité que certains peuples ont eue dans divers genres de sciences.

La position physique de la Grece est toujours la même : pourquoi les Grecs d'aujourd'hui sont-ils si différents des Grecs d'autrefois ? C'est que la forme de leur gouvernement a changé ; c'est que, semblable à l'eau qui prend la forme de tous les vases dans lesquels on la verse, le caractere des nations est susceptible de toutes sortes de formes ; c'est qu'en tous les pays le génie du gouvernement fait le génie des nations (1). Or, sous la forme de république, quelle contrée devoit être plus féconde que la Grece en capi-

(1) Rien, en général, de plus ridicule et de plus faux que les portraits qu'on fait du caractere des peuples divers. Les uns peignent leur nation d'après leur société, et la font en conséquence, ou triste, ou gaie, ou grossiere, ou spirituelle. Il me semble entendre des minimes auxquels on demande quel est, en fait de cuisine, le goût français, et qui répondent qu'en France on mange tout à l'huile. D'autres copient ce que mille écrivains ont dit avant eux; jamais ils n'ont examiné le changement que doivent nécessairement apporter dans le caractere d'une nation les changements arrivés dans son administration et dans ses mœurs. On a dit que les Français étoient gais; ils le répéteront jusqu'à l'éternité. Ils n'apperçoivent pas que le malheur des temps ayant forcé les princes à mettre des impôts considérables sur les

taines, en politiques, et en héros? Sans parler des hommes d'état, quels philosophes ne devoit point produire

campagnes, la nation française ne peut être gaie, puisque la classe des paysans, qui compose à elle seule les deux tiers de la nation, est dans le besoin, et que le besoin n'est jamais gai; qu'à l'égard même des villes, la nécessité où, dit-on, se trouvoit la police de payer, les jours gras, une partie des mascarades de la porte S.-Antoine n'est point une preuve de la gaieté de l'artisan et du bourgeois; que l'espionnage peut être utile à la sûreté de Paris, mais que, poussé un peu trop loin, il répand dans les esprits une méfiance absolument contraire à la joie, par l'abus qu'en ont pu faire quelques uns de ceux qui en ont été chargés; que la jeunesse, en s'interdisant le cabaret, a perdu une partie de cette gaieté qui souvent a besoin d'être animée par le vin; et qu'enfin la bonne compagnie, en excluant la grosse joie de

un pays où la philosophie étoit si honorée; où le vainqueur de la Grece, le roi Philippe, écrivoit à Aristote: « Ce n'est point de m'avoir donné

ses assemblées, en a banni la véritable. Aussi la plupart des étrangers trouvent-ils à cet égard beaucoup de différence entre le caractere de notre nation et celui qu'on lui donne. Si la gaieté habite quelque part en France, c'est certainement les jours de fête aux Porcherons ou sur les boulevards: le peuple y est trop sage pour pouvoir être regardé comme un peuple gai. La joie est toujours un peu licencieuse. D'ailleurs la gaieté suppose l'aisance; et le signe de l'aisance d'un peuple est ce que certaines gens appellent son insolence, c'est-à-dire la connoissance qu'un peuple a des droits de l'humanité, et de ce que l'homme doit à l'homme: connoissance toujours interdite à la pauvreté timide et découragée. L'aisance défend ses droits, l'indigence les cede.

« un fils dont je rends graces aux « dieux ; c'est de l'avoir fait naître « de votre vivant. Je vous charge de « son éducation ; j'espere que vous « le rendrez digne de vous et de « moi ». Quelle lettre plus flatteuse encore pour ce philosophe que celle d'Alexandre, du maître de la terre, qui, sur les débris du trône de Cyrus, lui écrit : « J'apprends que tu publies « tes *Traités acroamatiques.* Quelle « supériorité me reste-t-il maintenant « sur les autres hommes ? Les hautes « sciences que tu m'as enseignées « vont devenir communes ; et tu sa- « vois cependant que j'aime encore « mieux surpasser les hommes par « la science des choses sublimes que « par la puissance. Adieu. »

Ce n'étoit pas dans le seul Aristote qu'on honoroit la philosophie. On sait que Ptolémée, roi d'Égypte, traita Zénon en souverain, et députa vers lui des ambassadeurs; que les Athéniens éleverent à ce philosophe un mausolée construit aux dépens du public; qu'avant la mort de ce même Zénon, Antigonus, roi de Macédoine, lui écrivit: « Si la fortune m'a élevé à « la plus haute place, si je vous sur- « passe en grandeur, je reconnois « que vous me surpassez en science « et en vertu. Venez donc à ma cour; « vous y serez utile, non seulement « à un grand roi, mais encore à « toute la nation macédonienne. Vous « savez quel est sur les peuples le « pouvoir de l'exemple : imitateurs « serviles de nos vertus, qui les in- « spire aux princes en donne aux « peuples. Adieu ». Zénon lui répon- dit : « J'applaudis à la noble ardeur « qui vous anime. Au milieu du faste, « de la pompe et des plaisirs qui en-

« vironnent les rois, il est beau de « desirer encore la science et la vertu. « Mon grand âge et la foiblesse de « ma santé ne me permettent point « de me rendre près de vous ; mais je « vous envoie deux de mes disciples. « Prêtez l'oreille à leurs instructions : « si vous les écoutez, ils vous ouvri- « ront la route de la sagesse et du « véritable bonheur. Adieu. »

Au reste ce n'étoit point à la seule philosophie, c'étoit à tous les arts, que les Grecs rendoient de pareils hommages. Un poëte étoit si précieux à la Grece, que, sous peine de mort et par une loi expresse, Athenes leur défendoit de s'embarquer (1). Les Lacédémoniens, que certains auteurs

(1) Un poëte est aux îles Mariannes, regardé comme un homme merveilleux. Ce titre seul le rend respectable à la nation.

ont pris plaisir à nous peindre comme des hommes vertueux, mais plus grossiers que spirituels, n'étoient pas moins sensibles que les autres Grecs aux beautés des arts et des sciences (1). Passionnés pour la poésie, ils attirerent chez eux Archiloque, Xénodame, Xénocrite, Polymneste, Sacados,

(1) A la vérité ils avoient en horreur toute poésie propre à amollir le courage. Ils chasserent Archiloque de Sparte pour avoir dit en vers qu'il étoit plus sage dè fuir que de périr les armes à la main. Cet exil n'étoit pas l'effet de leur indifférence pour la poésie, mais de leur amour pour la vertu. Les soins que se donna Lycurgue pour recueillir les ouvrages d'Homere, la statue du Ris qu'il fit élever au milieu de Sparte, et les lois qu'il donna aux Lacédémoniens, prouvent que le dessein de ce grand homme n'étoit pas d'en faire un peuple grossier.

Périclite, Phrynis, Timothée (1) : pleins d'estime pour les poésies de Terpandre, de Spendon et d'Alcman, il étoit défendu à tout esclave de les chanter ; c'étoit selon eux profaner les choses divines. Non moins habiles dans l'art de raisonner que dans l'art de peindre ses pensées en vers : « Qui-« conque, dit Platon, converse avec « un Lacédémonien, fût-ce le dernier « de tous, peut lui trouver l'abord « grossier; mais, s'il entre en ma-« tiere, il verra ce même homme « s'énoncer avec une dignité, une

(1) Les Lacédémoniens Cynethon, Dionysodote, Areus, et Chilon l'un des sept sages, s'étoient distingués par le talent des vers. La poésie lacédémonienne, dit Plutarque, simple, mâle, énergique, étoit pleine de ces traits de feu propres à porter dans les ames l'ardeur et le courage.

« précision, une finesse, qui ren-
« dront ses paroles comme autant
« de traits perçants. Tout autre Grec
« ne paroîtra près de lui qu'un enfant
« qui bégaie ». Aussi leur apprenoit-on dès la premiere jeunesse à parler avec élégance et pureté. On vouloit qu'à la vérité des pensées ils joignissent les graces et la finesse de l'expression; que leurs réponses, toujours courtes et justes, fussent pleines de sel et d'agrément. Ceux qui, par précipitation ou par lenteur d'esprit, répondoient mal ou ne répondoient rien, étoient châtiés sur-le-champ. Un mauvais raisonnement étoit puni à Sparte comme le seroit ailleurs une mauvaise conduite. Aussi rien n'en imposoit à la raison de ce peuple. Un Lacédémonien, exempt dès le berceau des caprices et des humeurs de l'enfance, étoit dans sa jeunesse affranchi

de toute crainte; il marchoit avec assurance dans les solitudes et les ténebres. Moins superstitieux que les autres Grecs, les Spartiates citoient leur religion au tribunal de la raison.

Or comment les sciences et les arts n'auroient-ils pas jeté le plus grand éclat dans un pays tel que la Grece, où on leur rendoit un hommage si général et si constant? Je dis constant, pour prévenir l'objection de ceux qui prétendent, comme M. l'abbé Dubos, que dans certains siecles, tels que ceux d'Auguste et de Louis XIV, certains vents amenent les grands hommes comme des volées d'oiseaux rares. On allegue en faveur de ce sentiment les peines que se sont vainement données quelques souverains (1)

(1) Les souverains sont sujets à penser que, d'un mot et par une loi, ils peuvent

pour ranimer chez eux les sciences et les arts. Si les efforts de ces princes ont été inutiles, c'est, répondrai-je, parcequ'ils n'ont pas été constants. Après quelques siecles d'ignorance, le terrain des arts et des sciences est quelquefois si sauvage et si inculte qu'il ne peut produire de vraiment grands hommes qu'après avoir auparavant été défriché par plusieurs générations de savants. Tel étoit le siecle de Louis XIV, dont les grands hommes ont dû leur supériorité aux

tout-à-coup changer l'esprit d'une nation; faire, par exemple, d'un peuple lâche et paresseux, un peuple actif et courageux. Ils ignorent que, dans les états, les maladies lentes à se former ne se dissipent qu'avec lenteur, et que, dans le corps politique comme dans le corps humain, l'impatience du prince et du malade s'oppose souvent à la guérison.

savants qui les avoient précédés dans la carriere des sciences et des arts : carriere où ces mêmes savants n'avoient pénétré que soutenus de la faveur de nos rois, comme le prouvent, et les lettres-patentes du 10 mai 1543, où François Ier fait *les plus expresses défenses d'user de médisance et d'invectives contre Aristote* (1), et les

(1) Dans les plus beaux siecles de l'église, les uns ont élevé les livres d'Aristote à la dignité du texte divin, et les autres ont mis son portrait en regard avec celui de Jésus-Christ. Quelques uns ont avancé, dans des theses imprimées, que, sans Aristote, la religion eût manqué de ses principaux éclaircissements. On lui immola plusieurs critiques, et entre autres Ramus. Ce philosophe ayant fait imprimer un ouvrage sous le titre de *Censure d'Aristote*, tous les vieux docteurs, qui, ignorants par état, et opiniâ-

vers que Charles IX adresse à Ronsard (1).

Je n'ajouterai qu'un mot à ce que je viens de dire : c'est qu'assez semblables à ces artifices qui, rapidement élancés dans les airs, les parsement d'étoiles, éclairent un instant l'horizon, s'évanouissent, et laissent la nature dans une nuit plus profonde, les arts et les sciences ne font, dans une

tres par ignorance, se voyoient, pour ainsi dire, chassés de leur patrimoine, cabalerent contre Ramus, et le firent exiler.

(1) Voici les vers que le monarque écrivoit au poëte :

L'art de faire des vers, dût-on s'en indigner,
Doit être à plus haut prix que celui de régner.
Ta lyre, qui ravit par de si doux accords,
T'asservit les esprits dont je n'ai que les corps ;
Elle t'en rend le maître, et te sait introduire
Où le plus fier tyran ne peut avoir d'empire.

infinité de pays, que luire, disparoître, et les abandonnent aux ténebres de l'ignorance. Les siecles les plus féconds en grands hommes sont presque toujours suivis d'un siecle où les sciences et les arts sont moins heureusement cultivés. Pour en connoître la cause, ce n'est point au physique qu'il faut avoir recours; le moral suffit pour nous la découvrir. En effet, si l'admiration est toujours l'effet de la surprise, plus les grands hommes sont multipliés dans une nation, moins on les estime, moins on excite en eux le sentiment de l'émulation, moins ils font d'efforts pour atteindre à la perfection, et plus ils en restent éloignés. Après un tel siecle il faut souvent le fumier de plusieurs siecles d'ignorance pour rendre de nouveau un pays fertile en grands hommes.

Il paroît donc que c'est uniquement aux causes morales qu'on peut, dans les sciences et dans les arts, attribuer la supériorité de certains peuples sur les autres; et qu'il n'est point de nations privilégiées en vertu, en esprit, en courage. La nature à cet égard n'a point fait un partage inégal de ses dons. En effet, si la force plus ou moins grande de l'esprit dépendoit de la différente température des pays divers, il seroit impossible, vu l'ancienneté du monde, que la nation à cet égard la plus favorisée n'eût, par des progrès multipliés, acquis une grande supériorité sur toutes les autres. Or l'estime qu'en fait d'esprit ont tour-à-tour obtenue les différentes nations, le mépris où elles sont successivement tombées, prouvent le peu d'influence des climats sur les esprits. J'ajouterai même que, si le lieu de la naissance décidoit de l'étendue de nos lumieres, les causes morales ne pourroient nous donner en ce genre une explication aussi simple et aussi naturelle des phénomenes qui dépendroient du physique. Sur quoi j'observerai que, s'il n'est aucun peuple auquel la température particuliere de son pays et les petites différences qu'elle doit produire dans son organisation ait jusqu'à présent donné aucune supériorité constante sur les autres peuples, on pourroit du moins soupçonner que les petites différences qui peuvent se trouver dans l'organisation des particuliers qui composent une nation n'ont pas une influence plus sensible sur leurs esprits (1). Tout

(1) Si l'on ne peut à la rigueur démontrer que la différence de l'organisation n'influe en rien sur l'esprit des hommes que j'appelle communément bien orga-

concourt à prouver la vérité de cette proposition. Il semble qu'en ce genre les problêmes les plus compliqués ne se présentent à l'esprit que pour se résoudre par l'application des principes que j'ai établis.

Pourquoi les hommes médiocres reprochent-ils une conduite extraordinaire à presque tous les hommes illustres ? C'est que le génie n'est point un don de la nature, et qu'un homme qui prend un genre de vie à-peu-près semblable à celui des autres n'a qu'un esprit à-peu-près pareil au

nisés, du moins peut-on assurer que cette influence est si légere, qu'on peut la considérer comme ces quantités peu importantes qu'on néglige dans les calculs algébriques; et qu'enfin on explique très bien par les causes morales ce qu'on a jusqu'à présent attribué au physique, et qu'on n'a pu expliquer par cette cause.

leur : c'est que, dans un homme, le génie suppose une vie studieuse et appliquée, et qu'une vie si différente de la vie commune paroîtra toujours ridicule. Pourquoi l'esprit, dit-on, est-il plus commun dans ce siecle que dans le siecle précédent ? et pourquoi le génie y est-il plus rare ? Pourquoi, comme dit Pythagore, voit-on tant de gens prendre le thyrse, et si peu qui soient animés de l'esprit du dieu qui le porte ? C'est que les gens de lettres, trop souvent arrachés de leur cabinet par le besoin, sont forcés de se jeter dans le monde : ils y répandent des lumieres, ils y forment des gens d'esprit ; mais ils perdent nécessairement un temps qu'ils eussent, dans la solitude et la méditation, employé à donner plus d'étendue à leur génie. L'homme de lettres est comme un corps qui, poussé rapidement entre d'autres corps, perd en les heurtant toute la force qu'il leur communique.

Ce sont les causes morales qui nous donnent l'explication de tous les divers phénomenes de l'esprit, et qui nous apprennent que, semblables aux parties de feu qui, renfermées dans la poudre, y restent sans action si nulle étincelle ne les développe, l'esprit reste sans action s'il n'est mis en mouvement par les passions; que ce sont les passions qui d'un stupide font souvent un homme d'esprit, et que nous devons tout à l'éducation.

Si, comme on le prétend, le génie, par exemple, étoit un don de la nature, parmi les gens chargés de certains emplois, ou parmi ceux qui naissent ou qui ont long-temps vécu dans la province, pourquoi n'en seroit-il aucun qui excellât dans les arts tels que la poésie, la musique et la peinture? Pourquoi le don du génie ne suppléeroit-il pas et dans les gens chargés d'emplois à la perte de quelques instants qu'exige l'exercice de certaines places, et dans les gens de province à l'entretien d'un petit nombre de gens instruits qu'on ne rencontre que dans la capitale? Pourquoi le grand homme n'auroit-il proprement de génie que dans le genre auquel il s'est long-temps appliqué? Ne sent-on pas que, si cet homme ne conserve pas en d'autres genres la même supériorité, c'est que, dans un art dont il n'a pas fait l'objet de ses méditations, l'homme de génie n'a d'autre avantage sur les autres hommes que l'habitude de l'application et la méthode d'étudier? Par quelle raison enfin, entre les grands hommes, les grands ministres sont-ils les hommes les plus rares? C'est qu'à la multitude de circonstances dont le concours est absolument nécessaire pour former un grand génie, il faut encore unir le concours de circonstances propres à élever cet homme de génie au ministere. Or la réunion de ces deux concours de circonstances, extrêmement rare chez tous les peuples, est presque impossible dans les pays où le mérite seul n'éleve point aux premieres places. C'est pourquoi, si l'on en excepte les Xénophon, les Scipion, les Confucius, les César, les Annibal, les Lycurgue, et peut-être dans l'univers une cinquantaine d'hommes d'état dont l'esprit pourroit réellement subir l'examen le plus rigoureux, tous les autres, et même quelques uns des plus célebres dans l'histoire et dont les actions ont jeté le plus grand éclat, n'ont été, quelque éloge qu'on donne à l'étendue de leurs lumieres, que des esprits très communs. C'est à la force de leur caractere (1) plus qu'à celle de leur

(1) Les caracteres forts, et par cette raison souvent injustes, sont, en matiere de politique, encore plus propres aux grandes choses que de grands esprits sans caractere. Il faut, dit César, plutôt exécuter que consulter les entreprises hardies. Cependant ces grands caracteres sont plus communs que les grands esprits. Une grande passion, qui suffit pour former un grand caractere, n'est encore qu'un moyen d'acquérir un grand esprit. Aussi, entre trois ou quatre cents ministres ou rois, trouve-t-on ordinairement un grand caractere, lorsqu'entre deux ou trois mille on n'est pas toujours sûr de trouver un grand esprit; supposé qu'il n'y ait d'autres génies vraiment législatifs que ceux de Minos, de Confucius, de Lycurgue, etc.

esprit qu'ils doivent leur célébrité. Le peu de progrès de la législation, la médiocrité des ouvrages divers et presque inconnus qu'ont laissés les Auguste, les Tibere, les Titus, les Antonin, les Adrien, les Maurice et les Charles-Quint, et qu'ils ont composés dans le genre même où ils doivent exceller, ne prouve que trop cette opinion.

La conclusion générale de ce discours, c'est que le génie est commun, et les circonstances propres à le développer très rares. Si l'on peut comparer le profane avec le sacré, on peut dire qu'en ce genre il est beaucoup d'appelés et peu d'élus.

L'inégalité d'esprit qu'on remarque entre les hommes dépend donc et du gouvernement sous lequel ils vivent, et du siecle plus ou moins heureux où ils naissent, et de l'éducation meilleure ou moins bonne qu'ils reçoivent, et du desir plus ou moins vif qu'ils ont de se distinguer, et enfin des idées plus ou moins grandes ou fécondes dont ils font l'objet de leurs méditations.

L'homme de génie n'est donc que le produit des circonstances dans lesquelles cet homme s'est trouvé (1).

(1) L'opinion que j'avance, consolante pour la vanité de la plupart des hommes, en devroit être favorablement accueillie. Selon mes principes, ce n'est point à la cause humiliante d'une organisation moins parfaite qu'ils doivent attribuer la médiocrité de leur esprit, mais à l'éducation qu'ils ont reçue, ainsi qu'aux circonstances dans lesquelles ils se sont trouvés. Tout homme médiocre, conformément à mes principes, est en droit de penser que, s'il eût été plus favorisé de la fortune, s'il fût né dans un certain siecle, un certain pays, il eût été lui-même sem-

Aussi tout l'art de l'éducation consiste à placer les jeunes gens dans un concours de circonstances propres à développer en eux le germe de l'esprit et de la vertu. L'amour du paradoxe ne m'a point conduit à cette conclusion, mais le seul desir du bonheur

blable aux grands hommes dont il est forcé d'admirer le génie. Cependant, quelque favorable que soit cette opinion à la médiocrité de la plupart des hommes, elle doit déplaire généralement, parce-qu'il n'est point d'homme qui se croie un homme médiocre, et qu'il n'est point de stupide qui tous les jours ne remercie avec complaisance la nature du soin particulier qu'elle a pris de son organisation. En conséquence il n'est presque point d'hommes qui ne doivent traiter de paradoxes des principes qui choquent ouvertement leurs prétentions. Toute vérité qui blesse l'orgueil lutte long-temps contre ce sentiment avant que d'en pouvoir triom-

des hommes. J'ai senti et ce qu'une bonne éducation répandroit de lumieres, de vertus, et par conséquent de bonheur, dans la société; et combien la persuasion où l'on est que le génie et la vertu sont de purs dons de la nature s'opposoit aux progrès

pher. On n'est juste que lorsqu'on a intérêt de l'être. Si le bourgeois exagere moins les avantages de la naissance que le grand seigneur, s'il en apprécie mieux la valeur, ce n'est pas qu'il soit plus sensé : ses inférieurs n'ont que trop souvent à se plaindre de la sotte hauteur dont il accuse les grands seigneurs. La justesse de son jugement n'est donc qu'un effet de sa vanité : c'est que dans ce cas particulier il a intérêt d'être raisonnable. J'ajouterai à ce que je viens de dire, que les principes ci-dessus établis, en les supposant vrais, trouveront encore des contradicteurs dans tous ceux qui ne les peuvent admettre sans abandonner d'anciens préjugés. Parde la science et de l'éducation, et favorisoit à cet égard la paresse et la négligence. C'est dans cette vue qu'examinant ce que pouvoient sur nous la nature et l'éducation, je me suis apperçu que l'éducation nous faisoit ce que nous sommes : en conséquence

venus à un certain âge, la paresse nous irrite contre toute idée neuve qui nous impose la fatigue de l'examen. Une opinion nouvelle ne trouve de partisans que parmi ceux des gens d'esprit qui, trop jeunes encore pour avoir arrêté leurs idées, avoir senti l'aiguillon de l'envie, saisissent avidement le vrai par-tout où ils l'apperçoivent. Eux seuls, comme je l'ai déja dit, rendent témoignage à la vérité, la présentent, la font percer, et l'établissent dans le monde; c'est d'eux seuls qu'un philosophe peut attendre quelque éloge : la plupart des autres sont des juges corrompus par la paresse ou par l'envie.

j'ai cru qu'il étoit du devoir d'un citoyen d'annoncer une vérité propre à réveiller l'attention sur les moyens de perfectionner cette même éducation. Et c'est pour jeter encore plus de jour sur une matiere si importante que je tâcherai, dans le discours suivant, de fixer d'une maniere précise les idées différentes qu'on doit attacher aux divers noms donnés à l'esprit.

DE L'ESPRIT.

DISCOURS IV.

Des différents noms donnés à l'Esprit.

CHAPITRE I.

Du Génie.

BEAUCOUP d'auteurs ont écrit sur le génie : la plupart l'ont considéré comme un feu, une inspiration, un enthousiasme divin ; et l'on a pris ces métaphores pour des définitions.

Quelque vagues que soient ces especes de définitions, la même raison cependant qui nous fait dire que le feu est chaud, et mettre au nombre de ses propriétés l'effet qu'il produit sur nous, a dû faire donner le nom de feu à toutes les idées et les sentiments propres à remuer nos passions, et à les allumer vivement en nous.

Peu d'hommes ont senti que ces métaphores, applicables à certaines especes de génie, tel que celui de la poésie ou de l'éloquence, ne l'étoient point à des génies de réflexion, tels que ceux de Locke et de Newton.

Pour avoir une définition exacte du mot génie, et généralement de tous les noms divers donnés à l'esprit, il faut s'élever à des idées plus générales, et pour cet effet prêter une oreille extrêmement attentive aux jugements du public.

Le public place également au rang des génies les Descartes, les Newton, les Locke, les Montesquieu, les Corneille, les Moliere, etc. Le nom de génies qu'il donne à des hommes si différents suppose donc une qualité commune qui caractérise en eux le génie.

Pour reconnoître cette qualité remontons jusqu'à l'étymologie du mot *génie*, puisque c'est communément dans ces étymologies que le public manifeste le plus clairement les idées qu'il attache aux mots.

Celui de *génie* dérive de *gignere*, *gigno; j'enfante*, *je produis* : il suppose toujours *invention ;* et cette qualité est la seule qui appartienne à tous les génies différents.

Les inventions ou les découvertes sont de deux especes. Il en est que nous devons au hasard ; telles sont la boussole, la poudre à canon, et généralement presque toutes les découvertes que nous avons faites dans les arts.

Il en est d'autres que nous devons au génie; et, par ce mot de découverte, on doit alors entendre une nouvelle combinaison, un rapport nouveau apperçu entre certains objets ou certaines idées. On obtient le titre d'homme de génie si les idées qui résultent de ce rapport forment un grand ensemble, sont fécondes en vérités, et intéressantes pour l'humanité (1). Or c'est le hasard qui choisit presque toujours pour nous les sujets

(1) Le neuf et le singulier dans les idées ne suffit pas pour mériter le titre de génie; il faut de plus que ces idées neuves soient, ou belles, ou générales, ou extrêmement intéressantes. C'est en ce point que l'ouvrage de génie differe de l'ouvrage original, principalement caractérisé par la singularité.

de nos méditations. Il a donc plus de part qu'on n'imagine aux succès des grands hommes, puisqu'il leur fournit les sujets plus ou moins intéressants qu'ils traitent, et que c'est ce même hasard qui les fait naître dans un moment où ces grands hommes peuvent faire époque.

Pour éclaircir ce mot *époque* il faut observer que tout inventeur, dans un art ou une science qu'il tire pour ainsi dire du berceau, est toujours surpassé par l'homme d'esprit qui le suit dans la même carriere, et ce second par un troisieme, ainsi de suite, jusqu'à ce que cet art ait fait de certains progrès. En est-on au point où ce même art peut recevoir le dernier degré de perfection, ou du moins le degré nécessaire pour en constater la perfection chez un peuple? alors celui qui la lui donne obtient le titre de génie, sans avoir quelquefois avancé cet art dans une proportion plus grande que ne l'ont fait ceux qui l'ont précédé. Il ne suffit donc pas d'avoir du génie pour en avoir le titre.

Depuis les tragédies de la passion jusqu'aux poëtes Hardy et Rotrou, et jusqu'à la Mariamne de Tristan, le théâtre français acquiert successivement une infinité de degrés de perfection. Corneille naît dans un moment où la perfection qu'il ajoute à cet art doit faire époque; Corneille est un génie (1).

(1) Ce n'est pas que la tragédie ne fût encore du temps de Corneille susceptible de nouvelles perfections. Racine a prouvé qu'on pouvoit écrire avec plus d'élégance; Crébillon, qu'on pouvoit y porter plus de chaleur; et Voltaire eût sans contredit fait voir qu'on pouvoit y mettre plus de pompe et de spectacle, si le théâtre,

Je ne prétends nullement par cette observation diminuer la gloire de ce grand poëte, mais prouver seulement que la loi de continuité est toujours exactement observée, et qu'il n'y a point de sauts dans la nature (1).

toujours couvert de spectateurs, ne se fût pas absolument opposé à ce genre de beauté si connu des Grecs.

(1) Il est en ce genre mille sources d'illusion. Un homme sait parfaitement une langue étrangere : c'est, si l'on veut, l'espagnol. Si les écrivains espagnols nous sont alors supérieurs dans le genre dramatique, l'auteur français qui profitera de la lecture de leurs ouvrages, ne surpassât-il que de peu ses modeles, doit paroître un homme extraordinaire à des compatriotes ignorants. On ne doutera pas qu'il n'ait porté cet art à ce haut degré de perfection auquel il seroit impossible que l'esprit humain pût d'abord l'élever.

Aussi peut-on appliquer aux sciences l'observation faite sur l'art dramatique.

Képler trouve la loi dans laquelle les corps doivent peser les uns sur les autres. Newton, par l'application heureuse qu'un calcul très ingénieux lui permet d'en faire au systême céleste, assure l'existence de cette loi : Newton fait époque ; il est mis au rang des génies.

Aristote, Gassendi, Montaigne, entrevoient confusément que c'est à nos sensations que nous devons toutes nos idées : Locke éclaircit, approfondit ce principe, en constate la vérité par une infinité d'applications ; et Locke est un génie.

Il est impossible qu'un grand homme ne soit toujours annoncé par un autre grand homme (1). Les ouvrages

(1) Je pourrois même dire accompagné de quelques grands hommes. Quiconque

du génie sont semblables à quelques uns de ces superbes monuments de l'antiquité qui, exécutés par plusieurs générations de rois, portent le nom de celui qui les acheve.

Mais si le hasard, c'est-à-dire l'enchaînement des effets dont nous ignorons les causes, a tant de part à la gloire des hommes illustres dans les arts et dans les sciences, s'il déter-

se plaît à considérer l'esprit humain voit dans chaque siecle cinq ou six hommes d'esprit tourner autour de la découverte que fait l'homme de génie. Si l'honneur en reste à ce dernier, c'est que cette découverte est entre ses mains plus féconde que dans les mains de tout autre; c'est qu'il rend ses idées avec plus de force et de netteté; et qu'enfin on voit toujours, à la maniere différente dont les hommes tirent parti d'un principe ou d'une découverte, à qui ce principe ou cette découverte appartient.

mine l'instant dans lequel ils doivent naître pour faire époque et recevoir le nom de génie ; quelle influence plus grande encore ce même hasard n'a-t-il pas sur la réputation des hommes d'état!

César et Mahomet ont rempli la terre de leur renommée. Le dernier est, dans la moitié de l'univers, respecté comme l'ami de Dieu ; dans l'autre, il est honoré comme un grand génie : cependant ce Mahomet, simple courtier d'Arabie, sans lettres, sans éducation, et dupe lui-même en partie du fanatisme qu'il inspiroit, avoit été forcé, pour composer le médiocre et ridicule ouvrage nommé Al-Koran, d'avoir recours à quelques moines grecs. Or comment dans un tel homme ne pas reconnoître l'ouvrage du hasard, qui le place dans les temps et les circonstances où devoit s'opérer la révolution à laquelle cet homme hardi ne fit guere que prêter son nom?

Qui doute que ce même hasard, si favorable à Mahomet, n'ait aussi contribué à la gloire de César? Non que je prétende rien retrancher des louanges dues à ce héros : mais enfin Sylla avoit comme lui asservi les Romains. Les faits de guerre ne sont jamais assez circonstanciés dans l'histoire pour juger si César étoit réellement supérieur à Sertorius ou à quelque autre capitaine semblable. S'il est le seul des Romains qu'on ait comparé au vainqueur de Darius, c'est que tous deux asservirent un grand nombre de nations. Si la gloire de César a terni celle de presque tous les grands capitaines de la république, c'est qu'il jeta par ses victoires les fondements du trône qu'Auguste affermit (1); c'est que sa dictature fut l'époque de la servitude des Romains, et qu'il fit dans l'univers une révolution dont l'éclat dut nécessairement ajouter à la célébrité que ses grands talents lui avoient méritée.

(1) Ce n'est pas que César ne fût un des plus grands généraux, même au jugement sévere de Machiavel, qui efface de la liste des capitaines célebres tous ceux qui avec de petites armées n'ont pas exécuté de grandes choses, et des choses nouvelles.

« Si, pour exciter leur verve, ajoute cet « illustre auteur, on voit de grands poë« tes prendre Homere pour modele, se « demander, en écrivant, *Homere eût-* « *il pensé, se fût-il exprimé comme* « *moi?* il faut pareillement qu'un grand « général, admirateur de quelque grand « capitaine de l'antiquité, imite Scipion « et Ziska, dont l'un s'étoit proposé Cy« rus, et l'autre Annibal, pour modele. »

Quelque rôle que je fasse jouer au hasard, quelque part qu'il ait à la réputation des grands hommes, le hasard cependant ne fait rien qu'en faveur de ceux qu'anime le desir vif de la gloire.

Ce desir, comme je l'ai déja dit, fait supporter sans peine la fatigue de l'étude et de la méditation. Il doue un homme de cette constance d'attention nécessaire pour s'illustrer dans quelque art ou quelque science que ce soit. C'est à ce desir qu'on doit cette hardiesse de génie qui cite au tribunal de la raison les opinions, les préjugés et les erreurs, consacrés par les temps.

C'est ce desir seul qui dans les sciences ou les arts nous éleve à des vérités nouvelles, ou nous procure des amusements nouveaux. Ce desir enfin est l'ame de l'homme de génie;

il est la source de ses ridicules et de ses succès (1); succès qu'il ne doit ordinairement qu'à l'opiniâtreté avec

(1) Tout homme absorbé dans des méditations profondes, occupé d'idées grandes et générales, vit et dans l'oubli de ces attentions et dans l'ignorance de ces usages qui font la science des gens du monde : aussi leur paroît-il presque toujours ridicule. Peu d'entre les gens du monde sentent que la connoissance des petites choses suppose presque toujours l'ignorance des grandes; que tout homme qui mene à-peu-près la vie de tout le monde n'a que les idées de tout le monde; qu'un pareil homme ne s'éleve point au-dessus de la médiocrité; et qu'enfin le génie suppose toujours dans un homme un desir vif de la gloire, qui, le rendant insensible à toute espece de desir, n'ouvre son ame qu'à la passion de s'éclairer.

Anaxagore en est un exemple. Il est

laquelle il se concentre dans un seul genre. Une science suffit pour remplir toute la capacité d'une ame : aussi

pressé par ses amis de mettre ordre à ses affaires, d'y sacrifier quelques heures de son temps : « O mes amis, leur répond-il, « vous me demandez l'impossible. Com- « ment partager mon temps entre mes « affaires et mes études, moi qui préfere « une goutte de sagesse à des tonnes de « richesses ? »

Corneille étoit sans doute animé du même sentiment lorsqu'un jeune homme auquel il avoit accordé sa fille, et que l'état de ses affaires mettoit dans la nécessité de rompre ce mariage, vient le matin chez Corneille, perce jusques dans son cabinet : « Je viens, lui dit-il, mon- « sieur, retirer ma parole, et vous ex- « poser les motifs de ma conduite ». — « Eh ! monsieur, réplique Corneille, « ne pouviez-vous, sans m'interrompre, « parler de tout cela à ma femme ? Monn'est-il pas et ne peut-il y avoir de génie universel.

La longueur des méditations nécessaires pour se rendre supérieur

« tez chez elle ; je n'entends rien à toutes « ces affaires-là. »

Il n'est presque point d'hommes de génie dont on ne puisse citer quelques traits pareils. Un domestique court, tout effrayé, dans lé cabinet du savant Budé, lui dire que le feu est à la maison : « Eh « bien ! lui répondit-il, avertissez ma « femme ; je ne me mêle point des af- « faires du ménage. »

Le goût de l'étude ne souffre aucune distraction. C'est à la retraite où ce goût retient les hommes illustres qu'ils doivent ces mœurs simples et ces réponses inattendues et naïves qui si souvent fournissent aux gens médiocres des prétextes de ridiculiser le génie. Je citerai à ce sujet deux traits du célebre la Fontaine. Un de ses amis, qui sans doute avoit sa condans un genre, comparée au court espace de la vie, nous démontre l'impossibilité d'exceller en plusieurs genres.

version fort à cœur, lui prête un jour son *Saint Paul*. La Fontaine le lit avec avidité; mais, né très doux et très humain, il est blessé de la dureté apparente des écrits de l'apôtre; il ferme le livre, le reporte à son ami, et lui dit: « Je vous « rends votre livre; ce S. Paul-là n'est « pas mon homme ». C'est avec la même naïveté que comparant un jour *S. Augustin* à *Rabelais*: « Comment, s'écrioit « la Fontaine, des gens de goût peuvent-« ils préférer la lecture d'un *Saint Au-« gustin* à celle de ce *Rabelais* si naïf « et si amusant? »

Tout homme qui se concentre dans l'étude d'objets intéressants vit isolé au milieu du monde. Il est toujours lui, et presque jamais les autres; il doit donc leur paroître presque toujours ridicule.

D'ailleurs il n'est qu'un âge, et c'est celui des passions, où l'on peut dévorer les premieres difficultés qui défendent l'accès de chaque science. Cet âge passé, on peut apprendre encore à manier avec plus d'adresse l'outil dont on s'est toujours servi, à mieux développer ses idées, à les présenter dans un plus grand jour; mais on est incapable des efforts nécessaires pour défricher un terrain nouveau.

Le génie, en quelque genre que ce soit, est toujours le produit d'une infinité de combinaisons qu'on ne fait que dans la premiere jeunesse.

Au reste, par *génie* je n'entends pas simplement le génie des découvertes dans les sciences, ou de l'invention dans le fond et le plan d'un ouvrage; il est encore un génie de l'expression. Les principes de l'art d'écrire sont encore si obscurs et si imparfaits, il est en ce genre si peu de données, qu'on n'obtient point le titre de grand écrivain sans être réellement inventeur en ce genre.

La Fontaine et Boileau ont porté peu d'invention dans le fond des sujets qu'ils ont traités : cependant l'un et l'autre sont avec raison mis au rang des génies ; le premier, par la naïveté, le sentiment, et l'agrément, qu'il a jetés dans ses narrations ; le second, par la correction, la force, et la poésie de style, qu'il a mises dans ses ouvrages. Quelques reproches qu'on fasse à Boileau, on est forcé de convenir qu'en perfectionnant infiniment l'art de la versification il a réellement mérité le titre d'inventeur.

Selon les divers genres auxquels on s'applique, l'une ou l'autre de ces différentes especes de génie sont plus ou moins desirables. Dans la poésie, par exemple, le génie de l'expression est, si je l'ose dire, le génie de nécessité. Le poëte épique le plus riche dans l'invention des fonds n'est point lu s'il est privé du génie de l'expression; au contraire, un poëme bien versifié et plein de beautés de détail et de poésie, fût-il d'ailleurs sans invention, sera toujours favorablement accueilli du public.

Il n'en est pas ainsi des ouvrages philosophiques. Dans ces sortes d'ouvrages, le premier mérite est celui du fond. Pour instruire les hommes, il faut, ou leur présenter une vérité nouvelle, ou leur montrer le rapport qui lie ensemble des vérités qui leur paroissent isolées. Dans le genre instructif, la beauté, l'élégance de la diction, et l'agrément des détails, ne sont qu'un mérite secondaire. Aussi, parmi les modernes, a-t-on vu des philosophes sans force, sans grace, et même sans netteté dans l'expression, obtenir encore une grande réputation. L'obscurité de leurs écrits peut quelque temps les condamner à l'oubli; mais enfin ils en sortent: il naît tôt ou tard un esprit pénétrant et lumineux qui, saisissant les vérités contenues dans leurs ouvrages, les dégage de l'obscurité qui les couvre, et sait les exposer avec clarté. Cet esprit lumineux partage avec les inventeurs le mérite et la gloire de leurs découvertes. C'est un laboureur qui déterre un trésor, et partage avec le propriétaire du fonds les richesses qui s'y trouvent enfermées.

D'après ce que j'ai dit de l'invention des fonds et du génie de l'expression, il est facile d'expliquer comment un écrivain déja célebre peut composer de mauvais ouvrages ; il suffit pour cet effet qu'il écrive dans un genre où l'espece de génie dont il est doué ne joue, si je l'ose dire, qu'un rôle secondaire. C'est la raison pour laquelle le poëte célebre peut être un mauvais philosophe, et l'excellent philosophe un poëte médiocre; pourquoi le romancier peut mal écrire l'histoire, et l'historien mal faire un roman.

La conclusion de ce chapitre, c'est que, si le génie suppose toujours l'invention, toute invention cependant ne suppose pas le génie. Pour obtenir le titre d'homme de génie il faut que cette invention porte sur des objets généraux et intéressants pour l'humanité; il faut de plus naître dans le moment où, par ses talents et ses découvertes, celui qui cultive les arts et les sciences puisse faire époque dans le monde savant. L'homme de génie est donc en partie l'œuvre du hasard; c'est le hasard qui, toujours en action, prépare les découvertes, rapproche insensiblement les vérités, toujours inutiles lorsqu'elles sont trop éloignées les unes des autres, et qui fait naître l'homme de génie dans l'instant précis où les vérités, déja rapprochées, lui donnent des principes généraux et lumineux : le génie s'en saisit, les présente, et quelque partie de l'empire des arts ou des sciences en est éclairée. Le hasard remplit donc auprès du génie l'office de ces vents qui, dispersés aux quatre coins du monde, s'y chargent des matieres inflammables qui composent les météores : ces matieres, poussées vaguement dans les airs, n'y produisent aucun effet, jusqu'au moment où, par des souffles contraires, portées impétueusement les unes contre les autres, elles se choquent en un point; alors l'éclair s'allume et brille, et l'horizon est éclairé.

CHAPITRE II.

De l'Imagination et du Sentiment.

La plupart de ceux qui jusqu'à présent ont traité de l'imagination ont trop restreint ou trop étendu la signification de ce mot. Pour attacher une idée précise à cette expression remontons à l'étymologie du mot *imagination;* il dérive du latin *imago*, image.

Plusieurs ont confondu la mémoire et l'imagination. Ils n'ont point senti qu'il n'est point de mots exactement synonymes; que la mémoire consiste dans un souvenir net des objets qui se sont présentés à nous ; et l'imagination dans une combinaison, un assemblage nouveau d'images, et un rapport de convenances apperçues entre ces images et le sentiment qu'on veut exciter. Est-ce la terreur? l'imagination donne l'être au sphinx, aux furies. Est-ce l'étonnement ou l'admiration? elle crée le jardin des Hespérides, l'île enchantée d'Armide, et le palais d'Atlant.

L'imagination est donc l'invention en fait d'images (1), comme l'esprit l'est en fait d'idées.

(1) On ne doit réellement le nom d'homme d'imagination qu'à celui qui rend ses idées par des images. Il est vrai que dans la conversation l'on confond presque toujours l'imagination avec l'invention et la passion. Il est cependant facile de distinguer l'homme passionné de

La mémoire, qui n'est que le souvenir exact des objets qui se sont présentés à nous, ne differe pas moins de l'imagination qu'un portrait de Louis XIV fait par le Brun differe du tableau composé de la conquête de la Franche-Comté (1).

Il suit de cette définition de l'imagination qu'elle n'est guere employée seule que dans les descriptions, les tableaux, et les décorations; dans tout autre cas, l'imagination ne peut servir que de vêtement aux idées et aux sentiments qu'on nous présente. Elle jouoit autrefois un plus grand

l'homme d'imagination, puisque c'est presque toujours faute d'imagination qu'un poëte excellent dans le genre tragique ou comique ne sera souvent qu'un poëte médiocre dans l'épique ou le lyrique.

(1) Il faut se rappeler que Louis XIV se trouve peint dans ce tableau.

rôle dans le monde; elle expliquoit presque seule tous les phénomenes de la nature. C'étoit de l'urne sur laquelle s'appuyoit une naïade que sortoient les ruisseaux qui serpentoient dans les vallons; les forêts et les plaines se couvroient de verdure par les soins des dryades et des napées; les rochers détachés des montagnes étoient roulés dans les plaines par les orcades: c'étoient les puissances de l'air, sous les noms de génies ou de démons, qui déchaînoient les vents et amonceloient les orages sur les pays qu'elles vouloient ravager. Si dans l'Europe on n'abandonne plus à l'imagination l'explication des phénomenes de la physique; si l'on n'en fait usage que pour jeter plus de clarté et d'agrément sur les principes des sciences, et qu'on attende de la seule expérience la révélation des secrets de la nature; il ne faut pas penser que toutes les nations soient également éclairées sur ce point. L'imagination est encore le philosophe de l'Inde ; c'est elle qui dans le Tunquin a fixé l'instant de la formation des perles (1) ; c'est elle

(1) L'imagination, soutenue de quelque tradition obscure et ridicule, enseigne à ce sujet qu'un roi du Tunquin, grand magicien, avoit forgé un arc d'or pur; tous les traits décochés de cet arc portoient des coups mortels: armé de cet arc, lui seul mettoit une armée en déroute. Un roi voisin l'attaque avec une armée nombreuse : il éprouve la puissance de cette arme, il est battu, fait un traité, et obtient pour son fils la fille du roi vainqueur. Dans l'ivresse des premieres nuits, le nouvel époux conjure sa femme de substituer à l'arc magique de son pere un arc absolument semblable. L'amour imprudent le promet, exécute sa promesse, et ne soupçonne point le crime. Mais à peine le gen-

encore qui, peuplant les éléments de demi-dieux, créant à son gré des démons, des génies, des fées, et des enchanteurs, pour expliquer les phénomenes du monde physique, s'est, d'une aile audacieuse, souvent élevée

dre est-il armé de l'arc merveilleux, qu'il marche contre son beau-pere, le défait, et le force à fuir avec sa fille sur les côtes inhabitées de la mer. C'est là qu'un démon apparoît au roi du Tunquin, et lui fait connoître l'auteur de ses infortunes. Le pere indigné saisit sa fille, tire son cimeterre; elle proteste en vain de son innocence, elle le trouve inflexible. Elle lui prédit alors que les gouttes de son sang se changeront en autant de perles, dont la blancheur rendra aux siecles à venir témoignage de son imprudence et de son innocence. Elle se tait, le pere la frappe, le sang coule, la métamorphose commence, et la côte souillée de ce parricide est encore celle où l'on pêche les plus belles perles.

jusqu'à son origine. Après avoir longtemps parcouru les déserts immensurables de l'espace et de l'éternité, elle est enfin forcée de s'arrêter en un point : ce point marqué, le temps commence. L'air obscur, épais, et spiritueux, qui, selon le *Taautus* des Phéniciens, couvroit le vaste abyme, est affecté d'amour pour ses propres principes ; cet amour produit un mélange, et ce mélange reçoit le nom de *desir;* ce desir conçoit le *mud* ou la corruption aqueuse ; cette corruption contient le germe de l'univers et les semences de toutes les créatures. Des animaux intelligents, sous le nom de *zophasémin* ou de contemplateurs des cieux, reçoivent l'être; le soleil luit; les terres et les mers sont échauffées de ses rayons ; elles les réfléchissent, et en embrasent les airs : les vents soufflent, les nuages s'élevent, se frappent, et de leur choc rejaillissent les éclairs et le tonnerre ; ses éclats réveillent les animaux intelligents, qui, frappés d'effroi, se meuvent, et fuient, les uns dans les cavernes de la terre, les autres dans les gouffres de l'océan.

La même imagination qui, jointe à quelques principes d'une fausse philosophie, avoit dans la Phénicie décrit ainsi la formation de l'univers, sut dans les divers pays débrouiller successivement le chaos de mille autres manieres différentes (1).

(1) Elle assure au royaume de Lao que la terre et le ciel sont de toute éternité. Seize mondes terrestres sont soumis au nôtre, et les plus élevés sont les plus délicieux. Une flamme, détachée tous les trente-six mille ans des abymes du firmament, enveloppe la terre comme l'écorce embrasse le tronc, et la résout en eau.

12.

Dans la Grece, elle inspiroit Hésiode,

La nature, réduite quelques instants à cet état, est revivifiée par un génie du premier ciel. Il descend, porté sur les ailes des vents; leur souffle fait écouler les eaux, le terrain humide est desséché; les plaines, les forêts, se couvrent de verdure, et la terre reprend sa premiere forme.

Au dernier embrasement qui précéda, disent les habitants de Lao, le siecle de Xaca, un mandarin, nommé *Pontabobamy-suan*, s'abaisse sur la surface des eaux : une fleur surnage sur leur immensité; le mandarin l'apperçoit, la partage d'un coup de son cimeterre. Par une métamorphose subite, la fleur, détachée de sa tige, se change en fille; la nature n'a jamais rien produit de si beau. Le mandarin, épris pour elle de la plus violente ardeur, lui déclare sa tendresse. L'amour de la virginité rend la fille insensible aux larmes de son amant. Le mandarin res-

lorsque, plein de son enthousiasme,

pecte sa vertu; mais, ne pouvant se priver entièrement de sa vue, il se place à quelque distance d'elle : c'est de là qu'ils se dardent réciproquement des regards enflammés, dont l'influence est telle que la fille conçoit et enfante sans perdre sa virginité. Pour subvenir à la nourriture des nouveaux habitants de la terre, le mandarin fait retirer les eaux; il creuse les vallées, éleve les montagnes, et vit parmi les hommes, jusqu'à ce qu'enfin, lassé du séjour de la terre, il vole vers le ciel : mais les portes lui en sont fermées, et ne se rouvrent qu'après qu'il a sur le monde terrestre subi une longue et rude pénitence. Tel est au royaume de Lao le tableau poétique que l'imagination nous fait de la génération des êtres; tableau dont la composition variée a chez les différents peuples été plus ou moins grande ou bizarre, mais toujours donnée par l'imagination.

il dit : « Au commencement étoient
« le Chaos, le noir Érebe, et le Tar-
« tare. Les temps n'existoient point
« encore, lorsque la Nuit éternelle,
« qui, sur des ailes étendues et pe-
« santes, parcouroit les immenses
« plaines de l'espace, s'abat tout-à-
« coup sur l'Érebe : elle y dépose un
« œuf ; l'Érebe le reçoit dans son
« sein, le féconde : l'Amour en sort.
« Il s'éleve sur des ailes dorées, il
« s'unit au Chaos : cette union donne
« l'être aux cieux, à la terre, aux
« dieux immortels, aux hommes et
« aux animaux. Déja Vénus, conçue
« dans le sein des mers, s'est élevée
« sur la surface des eaux ; tous les
« corps animés s'arrêtent pour la
« contempler ; les mouvements que
« l'Amour avoit vaguement imprimés
« dans toute la nature se dirigent
« vers la beauté. Pour la premiere

« fois l'ordre, l'équilibre, et le des-
« sein, sont connus à l'univers. ».

Voilà, dans le premier siecle de la Grece, de quelle maniere l'imagination construisit le palais du monde. Maintenant, plus sage dans ses conceptions, c'est par la connoissance de l'histoire présente de la terre qu'elle s'éleve à la connoissance de sa formation. Instruite par une infinité d'erreurs, elle ne marche plus, dans l'explication des phénomenes de la nature, qu'à la suite de l'expérience; elle ne s'abandonne à elle-même que dans les descriptions et les tableaux.

C'est alors qu'elle peut créer ces êtres et ces lieux nouveaux que la poésie, par la précision de ses tours, la magnificence de l'expression, et la propriété des mots, rend visibles aux yeux des lecteurs.

S'agit-il de peintures hardies? l'ima

gination sait que les plus grands tableaux, fussent-ils les moins corrects, sont les plus propres à faire impression; qu'on préfere à la lumiere douce et pure des lampes allumées devant les autels les jets mêlés de feu, de cendre et de fumée, lancés par l'Etna.

S'agit-il d'un tableau voluptueux? c'est Adonis que l'imagination conduit avec l'Albane au milieu d'un bocage : Vénus y paroît endormie sur des roses; la déesse se réveille; l'incarnat de la pudeur couvre ses joues; un voile léger dérobe une partie de ses beautés; l'ardent Adonis les dévore; il saisit la déesse, triomphe de sa résistance; le voile est arraché d'une main impatiente, Vénus est nue, l'albâtre de son corps est exposé aux regards du desir : et c'est là que le tableau reste vaguement terminé, pour laisser aux caprices et aux fantaisies variées de l'amour le choix des caresses et des attitudes.

S'agit-il de rendre un fait simple sous une image brillante, d'annoncer, par exemple, la dissension qui s'éleve entre les citoyens? l'imagination représentera la Paix qui sort éplorée de la ville en abaissant sur ses yeux l'olivier qui lui ceint le front. C'est ainsi que dans la poésie l'imagination sait tout exposer sous de courtes images ou sous des allégories qui ne sont proprement que des métaphores prolongées.

Dans la philosophie l'usage qu'on en peut faire est infiniment plus borné; elle ne sert alors, comme je l'ai dit plus haut, qu'à jeter plus de clarté et d'agrément sur les principes. Je dis plus de clarté, parceque les hommes, qui s'entendent assez bien lorsqu'ils prononcent des mots qui peignent des objets sensibles, tels que *chêne*, *océan*, *soleil*, ne s'entendent plus lorsqu'ils prononcent les mots *beauté*, *justice*, *vertu*, dont la signification embrasse un grand nombre d'idées. Il leur est presque impossible d'attacher la même collection d'idées au même mot ; et de là ces disputes éternelles et vives qui si souvent ont ensanglanté la terre.

L'imagination, qui cherche à revêtir d'images sensibles les idées abstraites et les principes des sciences, prête donc infiniment de clarté et d'agrément à la philosophie.

Elle n'embellit pas moins les ouvrages de sentiment. Quand l'Arioste conduit Roland dans la grotte où doit se rendre Angélique, avec quel art ne décore-t-il pas cette grotte ! Ce sont par-tout des inscriptions gravées par l'amour, des lits de gazon dressés par le plaisir: le murmure des ruisseaux, la fraîcheur de l'air, les parfums des fleurs, tout s'y rassemble pour exciter les desirs de Roland. Le poëte sait que plus cette grotte embellie promettra de plaisir et portera d'ivresse dans l'ame du héros, plus son désespoir sera violent lorsqu'il y apprendra la trahison d'Angélique, et plus ce tableau excitera dans l'ame des lecteurs de ces mouvements tendres auxquels sont attachés leurs plaisirs.

Je terminerai ce morceau sur l'imagination par une fable orientale, peut-être incorrecte à certains égards, mais très ingénieuse, et très propre à prouver combien l'imagination peut quelquefois prêter de charme au sentiment. C'est un amant fortuné qui, sous le voile d'une allégorie, attribue ingénieusement à sa maîtresse et à l'amour qu'il a pour elle les qualités qu'on admire en lui.

« J'étois un jour dans le bain : une « terre odorante, d'une main aimée, « passa dans la mienne. Je lui dis: « Es-tu le musc? es-tu l'ambre? Elle « me répondit : Je ne suis qu'une « terre commune; mais j'ai eu quel- « que liaison avec la rose ; sa vertu « bienfaisante m'a pénétrée; sans elle « je ne serois encore qu'une terre « commune (1). »

J'ai, je pense, nettement déterminé ce qu'on doit entendre par *imagination*, et montré, dans les différents genres, l'usage qu'on en peut faire. Je passe maintenant au sentiment.

Le moment où la passion se réveille le plus fortement en nous est ce qu'on

(1) Voyez *le Gulistan*, *ou l'Empire des Roses, de Saadi.*

appelle le *sentiment.* Aussi n'entend-on par *passion* qu'une continuité de sentiments de même espece. La passion d'un homme pour une femme n'est que la durée de ses desirs et de ses sentiments pour cette même femme.

Cette définition donnée, pour distinguer ensuite les sentiments des sensations, et savoir quelles idées différentes on doit attacher à ces deux mots, qu'on emploie souvent l'un pour l'autre, il faut se rappeler qu'il est des passions de deux especes : les unes qui nous sont immédiatement données par la nature ; tels sont les desirs ou les besoins physiques de boire, manger, etc. : les autres qui, ne nous étant point immédiatement données par la nature, supposent l'établissement des sociétés, et ne sont proprement que des passions factices ; telles sont l'ambition, l'orgueil, la passion du luxe, etc. Conséquemment à ces deux especes de passions, je distinguerai deux especes de sentiments. Les uns ont rapport aux passions de la premiere espece, c'est-à-dire à nos besoins physiques; ils reçoivent le nom de sensations : les autres ont rapport aux passions factices, et sont plus particulièrement connus sous le nom de sentiments. C'est de cette derniere espece dont il s'agit dans ce chapitre.

Pour s'en former une idée nette, j'observerai qu'il n'est point d'hommes sans desirs ni par conséquent sans sentiments, mais que ces sentiments sont en eux ou foibles ou vifs. Lorsqu'on n'en a que de foibles, on est censé n'en point avoir. Ce n'est qu'aux hommes fortement affectés qu'on accorde du sentiment. Est-on saisi d'effroi? si cet effroi ne nous précipite pas dans de plus grands dangers que ceux qu'on veut éviter, si notre peur calcule et raisonne, notre peur est foible, et l'on ne sera jamais cité comme un homme peureux. Ce que je dis du sentiment de la peur, je le dis également de celui de l'amour et de l'ambition.

Ce n'est qu'à des passions bien déterminées que l'homme doit ces mouvements fougueux et ces accès auxquels on donne le nom de sentiment.

On est animé de ces passions lorsqu'un desir seul regne dans notre ame, y commande impérieusement à des desirs subordonnés. Quiconque cede successivement à des desirs différents se trompe s'il se croit passionné ; il prend en lui des goûts pour des passions.

Le despotisme, si je l'ose dire, d'un desir auquel tous les autres sont subordonnés est donc en nous ce qui caractérise la passion. Il est en conséquence peu d'hommes passionnés et capables de sentiments vifs.

Souvent même les mœurs d'un peuple et la constitution d'un état s'opposent au développement des passions et des sentiments. Que de pays où certaines passions ne peuvent se manifester, du moins par des actions! Dans un gouvernement arbitraire, toujours sujet à mille révolutions, si les grands y sont presque toujours embrasés du feu de l'ambition, il n'en est pas ainsi d'un état monarchique où les lois sont en vigueur. Dans un pareil état, les ambitieux sont à la chaîne, et l'on n'y voit que des intrigants, que je ne décore pas du titre d'ambitieux. Ce n'est pas qu'en ce pays une infinité d'hommes ne portent en eux le germe de l'ambition : mais, sans quelques circonstances singulieres, ce germe y meurt sans se développer. L'ambition est, dans ces hommes, comparable à ces feux souterrains allumés dans les entrailles de la terre; ils y brûlent sans explosion jusqu'au moment où les eaux y pénetrent, et que, raréfiées par le feu, elles soulevent, entr'ouvrent les montagnes, en ébranlant les fondements du monde.

Dans les pays où le germe de certaines passions et de certains sentiments est étouffé, le public ne peut les connoître et les étudier que dans les tableaux qu'en donnent les écrivains célebres, et principalement les poëtes.

Le sentiment est l'ame de la poésie, et sur-tout de la poésie dramatique. Avant d'indiquer les signes auxquels on reconnoît en ce genre les grands peintres et les hommes à sentiments, il est bon d'observer qu'on ne peint jamais bien les passions et les sentiments si l'on n'en est soi-même susceptible. Place-t-on un héros dans une situation propre à développer en lui toute l'activité des passions? pour faire un tableau vrai il faut être affecté des mêmes sentiments dont on décrit en lui les effets, et trouver en soi son modele. Si l'on n'est passionné on ne saisit jamais ce point précis que le sentiment atteint, et qu'il ne franchit jamais (1) : on est toujours en deçà ou au-delà d'une nature forte.

(1) Dans les ouvrages de théâtre, rien de plus commun que de faire du sentiment avec de l'esprit. Veut-on peindre la vertu? on fera exécuter en ce genre à son héros des actions que les motifs qui le portent à la vertu ne lui permettent point de faire. Il est peu de poëtes dramatiques exempts de ce défaut.

D'ailleurs, pour réussir en ce genre, il ne suffit pas d'être en général susceptible de passions, il faut de plus être animé de celle dont on fait le tableau. Une espece de sentiment ne nous en fait pas deviner une autre. On rend toujours mal ce que l'on sent foiblement. Corneille, dont l'ame étoit plus élevée que tendre, peint mieux les grands politiques et les héros qu'il ne peint les amants.

C'est principalement à la vérité des peintures qu'est en ce genre attachée la célébrité. Je sais cependant que d'heureuses situations, des maximes brillantes et des vers élégants, ont quelquefois au théâtre obtenu les plus grands succès; mais, quelque mérite que supposent ces succès, ce mérite cependant n'est, dans le genre dramatique, qu'un mérite secondaire.

Le vers de caractere est, dans les

tragédies, le vers qui fait sur nous le plus d'impression. Qui n'est pas frappé de cette scene où Catilina, pour réponse aux reproches d'assassinats que lui fait Lentulus, lui dit :

Crois que ces crimes
Sont de ma politique, et non pas de mon cœur.
. . . .
Forcé de se plier aux mœurs de ses complices,

il faut, ajoute-t-il, qu'un chef de conjurés prenne successivement tous les caracteres. Si je n'avois que des Lentulus dans mon parti,

Et, s'il n'étoit rempli que d'hommes vertueux,
Je n'aurois pas de peine à l'être encor plus qu'eux.

Quel caractere renfermé dans ces deux vers ! Quel chef de conjurés qu'un homme assez maître de lui pour être à son choix vertueux ou vicieux ! Quelle ambition enfin que celle qui peut, contre l'inflexibilité ordinaire des passions, plier à tous les caracteres le superbe Catilina ! Une telle ambition annonce le destructeur de Rome.

De pareils vers ne sont jamais inspirés que par les passions. Qui n'en est pas susceptible doit renoncer à les peindre. Mais, dira-t-on, à quel signe le public, souvent peu instruit de ce qui est en deçà ou au-delà d'une nature forte, reconnoîtroit-il les grands peintres de sentiments? A la maniere, répondrai-je, dont ils les expriment. A force de méditations et de réminiscences, un homme d'esprit peut à-peu-près deviner ce qu'un amant doit faire ou dire dans une telle situation; il peut substituer, si je peux m'exprimer ainsi, le sentiment *pensé* au sentiment *senti*: mais il est dans le cas d'un peintre qui, sur le récit qu'on lui auroit fait de la beauté d'une femme et l'image qu'il s'en seroit formée, voudroit en faire le portrait; il feroit peut-être un beau tableau, mais jamais un tableau ressemblant. L'esprit ne devinera jamais le langage du sentiment.

Rien de plus insipide pour un vieillard que la conversation de deux amants. L'homme insensible, mais spirituel, est dans le cas du vieillard; le langage simple du sentiment lui paroît plat; il cherche, malgré lui, à le relever par quelque tour ingénieux qui décele toujours en lui le défaut de sentiment.

Lorsque Pélée brave le courroux du ciel, lorsque les éclats du tonnerre annoncent la présence du dieu son rival, et que Thétis intimidée, pour calmer les soupçons d'un amant jaloux, lui dit,

Va, fuis; te montrer que je crains,
C'est te dire assez que je t'aime (1)...

(1) Si, dans ce vers d'Ovide,

Pignora certa petis, do pignora certa timendo,

on sent que le danger où se trouve Pélée est trop instant ; que Thétis n'est pas dans une situation assez tranquille pour tourner aussi ingénieusement sa réponse. Effrayée de l'approche d'un dieu qui d'un mot peut anéantir son amant, et pressée de le voir partir, elle n'a proprement que le temps de lui crier de fuir, et qu'elle l'adore.

Toute phrase ingénieusement tournée prouve à-la-fois l'esprit et le défaut de sentiment. L'homme agité d'une passion, tout entier à ce qu'il sent, ne s'occupe point de la maniere dont il le dit : l'expression la plus simple est d'abord celle qu'il saisit.

le Soleil dit à-peu-près la même chose à Phaéton son fils, c'est que Phaéton n'est point encore monté sur son char, ni, par conséquent, dans le moment du danger.

Lorsque l'Amour, en pleurs aux genoux de Vénus, lui demande la grace de Psyché, et que la déesse rit de sa douleur, l'Amour lui dit :

Je ne me plaindrois pas si je pouvois mourir.

Lorsque Titus déclare à Bérénice qu'enfin le destin ordonne qu'ils se séparent pour jamais (1), Bérénice reprend :

Pour jamais!...Que ce mot est affreux quand on aime!

Lorsque Palmire dit à Séide que vai-

(1) Dans la tragédie anglaise de *Cléopatre*, Octavie rejoint Antoine : elle est belle ; Antoine peut reprendre du goût pour elle, Cléopatre le craint ; Antoine la rassure. « Quelle différence, lui dit-il, en-« tre Octavie et Cléopatre ! » — « Ô mon « amant, reprend-elle, quelle plus grande « différence entre mon état et le sien ! « Octavie est aujourd'hui méprisée ; mais « Octavie est ton épouse. L'espoir im-« mortel habite dans son ame ; il essuie

nement elle a tenté par ses prieres de toucher son ravisseur, Séide répond :

Quel est donc ce mortel insensible à tes larmes?

Ces vers, et généralement tous les vers de sentiment, seront toujours simples et dans le tour et dans l'expression. Mais l'esprit, dépourvu de sentiment, nous éloignera toujours de cette simplicité ; je dirai même

« ses larmes, la console dans son malheur.
« Demain l'hymen peut te remettre entre
« ses bras. Quelle est, au contraire, ma
« destinée ! Que l'amour se taise un mo-
« ment dans ton cœur, il ne me reste
« aucun espoir. Je ne puis comme elle
« gémir près de ce que j'aime, espérer
« de l'attendrir, me flatter d'un retour.
« Un seul instant d'indifférence, et tout
« pour moi est anéanti, l'espace im-
« mense et l'éternité me séparent à ja-
« mais de toi. »

qu'il fera tourner quelquefois le sentiment en maxime.

Comment ne seroit-on pas à cet égard la dupe de l'esprit ? Le propre de l'esprit est d'observer, de généraliser ses observations, et d'en tirer des résultats ou des maximes. Habitué à cette marche, il est presque impossible que l'homme d'esprit qui, sans avoir senti l'amour, en voudra peindre la passion, ne mette, sans s'en appercevoir, souvent le sentiment en maxime. Aussi M. de Fontenelle a-t-il fait dire à l'un de ses bergers :

On ne doit point aimer lorsqu'on a le cœur tendre;

idée qui lui est commune avec Quinault, qui l'exprime bien différemment lorsqu'il fait dire à Atys :

Si j'aimois un jour, par malheur,
Je connois bien mon cœur,
Il seroit trop sensible.

Si Quinault n'a point mis en maxime le sentiment dont Atys est agité, c'est qu'il sentoit qu'un homme vivement affecté ne s'amuse point à généraliser.

Il n'en est pas à cet égard de l'ambition comme de l'amour. Le sentiment, dans l'ambition, s'allie très bien avec l'esprit et la réflexion : la cause de cette différence tient à l'objet différent que se proposent ces deux passions.

Que desire un amant? les faveurs de ce qu'il aime. Or ce n'est point à la sublimité de son esprit, mais à l'excès de sa tendresse, que ces faveurs sont accordées. L'amour en larmes et désespéré aux pieds d'une maîtresse est l'éloquence la plus propre à la toucher. C'est l'ivresse de l'amant qui prépare et saisit ces instants de foiblesse qui mettent le comble à son bonheur. L'esprit n'a point de part au triomphe : l'esprit est donc étranger au sentiment de l'amour. D'ailleurs l'excès de la passion d'un amant promet mille plaisirs à l'objet aimé. Il n'en est pas ainsi d'un ambitieux : la violence de son ambition ne promet aucuns plaisirs à ses complices. Si le trône est l'objet de ses desirs, et si pour y monter il doit s'appuyer d'un parti puissant, ce seroit en vain qu'il étaleroit aux yeux de ses partisans tout l'excès de son ambition ; ils ne l'écouteroient qu'avec indifférence s'il n'assignoit à chacun d'eux la part qu'il doit avoir au gouvernement, et ne leur prouvoit l'intérêt qu'ils ont de l'élever.

L'amant enfin ne dépend que de l'objet aimé; un seul instant assure sa félicité : la réflexion n'a pas le temps de pénétrer dans un cœur d'autant plus vivement agité qu'il est plus près d'obtenir ce qu'il desire. Mais l'ambitieux a pour l'exécution de ses projets continuellement besoin du secours de toute sorte d'hommes : pour s'en servir utilement il faut les connoître; d'ailleurs son succès tient à des projets ménagés avec art et préparés de loin. Que d'esprit ne faut-il pas pour les concerter et les suivre ! Le sentiment de l'ambition s'allie donc nécessairement avec l'esprit et la réflexion.

Le poëte dramatique peut donc rendre fidèlement le caractere de l'ambitieux en mettant quelquefois dans sa bouche de ces vers sentencieux qui, pour frapper fortement le spectateur, doivent être le résultat d'un sentiment vif et d'une réflexion profonde. Tels sont ces vers où, pour justifier l'audace qu'il a de se présenter au sénat,

Catilina dit à Probus qui l'accuse d'imprudence :

L'imprudence n'est pas dans la témérité,
Elle est dans un projet faux et mal concerté ;
Mais, s'il est bien suivi, c'est un trait de prudence
Que d'aller quelquefois jusques à l'insolence :
Et je sais, pour domter les plus impérieux,
Qu'il faut souvent moins d'art que de mépris pour eux.

Ce que j'ai dit de l'ambition indique en quelles doses différentes, si je l'ose dire, l'esprit peut s'allier aux différents genres de passions.

Je finirai par cette observation ; c'est que nos mœurs et la forme de notre gouvernement ne nous permettant point de nous livrer à des passions fortes, telles que l'ambition et la vengeance, on ne cite communément ici comme peintres de sentiments que les hommes sensibles à la tendresse paternelle ou filiale, et enfin à l'amour, qui par cette raison occupe presque seul le théâtre français.

CHAPITRE III.

De l'Esprit.

L'ESPRIT n'est autre chose qu'un assemblage d'idées et de combinaisons nouvelles. Si l'on avoit fait en un genre toutes les combinaisons possibles, l'on n'y pourroit plus porter ni invention ni esprit; l'on pourroit être sávant en ce genre, mais non pas spirituel. Il est donc évident que, s'il ne restoit plus de découvertes à faire en aucun genre, alors tout seroit science, et l'esprit seroit impossible : on auroit remonté jusqu'aux principes des choses. Une fois parvenus à des principes généraux et simples, la science des faits qui nous y auroient élevés ne seroit plus qu'une science futile, et toutes les bibliotheques où ces faits sont renfermés deviendroient inutiles. Alors, de tous les matériaux de la politique et de la législation, c'est-à-dire de toutes les histoires, on auroit extrait, par exemple, le petit nombre de principes qui, propres à maintenir entre les hommes le plus d'égalité possible, donneroient un jour naissance à la meilleure forme de gouvernement. Il en seroit de même de la physique, et généralement de toutes les sciences. Alors l'esprit humain, épars dans une infinité d'ouvrages divers, seroit, par une main habile, concentré dans un petit volume de principes, à-peu-près comme les esprits des fleurs qui couvrent de vastes plaines sont, par l'art du chymiste, facilement concentrés dans un vase d'essence.

L'esprit humain, à la vérité, est en

tout genre fort loin du terme que je suppose. Je conviens volontiers que nous ne serons pas sitôt réduits à la triste nécessité de n'être que savants; et qu'enfin, grace à l'ignorance humaine, il nous sera long-temps permis d'avoir de l'esprit.

L'esprit suppose donc toujours invention. Mais quelle différence, dira-t-on, entre cette espece d'invention et celle qui nous fait obtenir le titre de *génies?* Pour la découvrir, consultons le public. En morale et en politique, il honorera, par exemple, du titre de génies et Machiavel et l'auteur de l'*Esprit des Lois*, et ne donnera que le titre d'hommes de beaucoup d'esprit à la Rochefoucauld et à la Bruyere. L'unique différence sensible qu'on remarque entre ces deux especes d'hommes, c'est que les premiers traitent de matieres plus importantes, lient plus de vérités entre elles, et forment un plus grand ensemble que les seconds. Or l'union d'un plus grand nombre de vérités suppose une plus grande quantité de combinaisons, et par conséquent un homme plus rare. D'ailleurs le public aime à voir du haut d'un principe toutes les conséquences qu'on en peut tirer; il doit donc récompenser par un titre supérieur, tel que celui de génie, quiconque lui procure cet avantage en réunissant une infinité de vérités sous le même point de vue. Telle est, dans le genre philosophique, la différence sensible entre le génie et l'esprit.

Dans les arts, où par le mot de *talent* on exprime ce que, dans les sciences, on désigne par le mot d'*esprit*, il semble que la différence soit à-peu-près la même.

Quiconque, ou se modele sur les

grands hommes qui l'ont déja précédé dans la même carriere, ou ne les surpasse pas, ou n'a point fait un certain nombre de bons ouvrages, n'a pas assez combiné, n'a pas fait d'assez grands efforts d'esprit ni donné assez de preuves d'invention pour mériter le titre de génie. En conséquence on place dans la liste des hommes de talent les Regnard, les Vergier, les Campistron, et les Fléchier; lorsqu'on cite comme génies les Moliere, les la Fontaine, les Corneille, et les Bossuet. J'ajouterai même à ce sujet qu'on refuse quelquefois à l'auteur le titre qu'on accorde à l'ouvrage. Un conte, une tragédie, ont un grand succès: on peut dire de ces ouvrages qu'ils sont pleins de génie, sans oser quelquefois en accorder le titre à l'auteur. Pour l'obtenir il faut, ou, comme la Fontaine, avoir, si je l'ose dire, dans une infinité de petites pieces la monnoie d'un grand ouvrage, ou, comme Corneille et Racine, avoir composé un certain nombre d'excellentes tragédies.

Le poëme épique est dans la poésie le seul ouvrage dont l'étendue suppose une mesure d'attention et d'invention suffisante pour décorer un homme du titre de génie.

Il me reste, en finissant ce chapitre, deux observations à faire : la premiere, c'est qu'on ne désigne dans les arts par le nom d'esprit que ceux qui, sans génie ni talent pour un genre, y transportent les beautés d'un autre genre; telles sont, par exemple, les comédies de M. de Fontenelle, qui, dénuées du génie et du talent comique, étincellent de quelques beautés philosophiques : la seconde, c'est que l'invention appartient tellement à l'esprit, qu'on n'a jusqu'à présent, par aucune des épithetes applicables au grand esprit, désigné ceux qui remplissent des emplois utiles, mais dont l'exercice n'exige point d'invention. Le même usage qui donne l'épithete de *bon* au juge, au financier (1), à l'arithméticien habile, nous permet d'appliquer l'épithete de *sublime* au poëte, au législateur, au géometre, à l'orateur. L'esprit suppose donc toujours invention. Cette invention, plus élevée dans le génie, embrasse d'ailleurs plus d'étendue de vue; elle suppose par conséquent, et plus de cette opiniâtreté qui triomphe de toutes les diffi-

(1) Je ne dis pas que de bons juges, de bons financiers, n'aient de l'esprit; mais je dis seulement que ce n'est pas en qualité de juges ou de financiers qu'ils en ont, à moins que l'on ne confonde la qualité de juge avec celle de législateur.

cultés, et plus de cette hardiesse de caractere qui se fraie des routes nouvelles.

Telle est la différence entre le génie et l'esprit, et l'idée générale qu'on doit attacher à ce mot *esprit*.

Cette différence établie, je dois observer que nous sommes forcés par la disette de la langue à prendre cette expression dans mille acceptions différentes, qu'on ne distingue entre elles que par les épithetes qu'on unit au mot *esprit*. Ces épithetes, toujours données par le lecteur ou spectateur, sont toujours relatives à l'impression que fait sur lui certain genre d'idées.

Si l'on a tant de fois, et peut-être sans succès, traité ce même sujet, c'est qu'on n'a point considéré l'esprit sous ce point de vue; c'est qu'on a pris pour des qualités réelles et distinctes les épithetes de *fin*, de *fort*, de *lumineux*, etc. qu'on joint au mot *esprit;* c'est qu'enfin l'on n'a point regardé ces épithetes comme l'expression des effets différents que font sur nous et les diverses especes d'idées et les différentes manieres de les rendre. C'est pour dissiper l'obscurité répandue sur ce sujet que je vais, dans les chapitres suivants, tâcher de déterminer nettement les idées différentes qu'on doit attacher aux épithetes souvent unies au mot *esprit*.

CHAPITRE IV.

De l'esprit fin, de l'esprit fort.

DANS le physique, on donne le nom de *fin* à ce qu'on n'apperçoit point sans quelque peine. Dans le moral, c'est-à-dire en fait d'idées et de sentiments, on donne pareillement le nom de *fin* à ce qu'on n'apperçoit point sans quelques efforts d'esprit et sans une grande attention.

L'avare de Moliere soupçonne son valet de l'avoir volé; il le fouille, et, ne trouvant rien dans ses poches, il lui dit: « Rends-moi, sans te fouiller, « ce que tu m'as volé ». Ce mot d'Harpagon est fin; il est dans le caractere d'un avare; mais il étoit difficile de l'y découvrir.

Dans l'opéra d'*Isis*, lorsque la nymphe Io, pour calmer les plaintes d'Hiérax, lui dit, *Vos rivaux sont-ils mieux traités que vous*? Hiérax lui répond:

Le mal de mes rivaux n'égale pas ma peine.
La douce illusion d'une espérance vaine
Ne les fait point tomber du faîte du bonheur:
Aucun d'eux, comme moi, n'a perdu votre cœur;
Comme eux, à votre humeur sévere
Je ne suis point accoutumé.
Quel tourment de cesser de plaire,
Lorsqu'on a fait l'essai du plaisir d'être aimé!

Ce sentiment est dans la nature; mais il est fin, il est caché au fond du cœur d'un amant malheureux. Il falloit les yeux de Quinault pour l'y appercevoir.

Du sentiment passons aux idées fines. On entend par *idée fine* une conséquence finement déduite d'une idée générale (1). Je dis une conséquence, parcequ'une idée, dès qu'elle devient féconde en vérités, quitte le nom d'*idée fine* pour prendre celui de *principe* ou d'*idée générale*. On dit *les principes* et non *les idées fines* d'Aristote, de Descartes, de Locke, et de Newton. Ce n'est pas que, pour remonter, comme ces philosophes, d'observations en observations, jusqu'à des idées générales, il n'ait fallu

(1) Les ouvrages de M. de Fontenelle en fournissent mille exemples.

beaucoup de finesse d'esprit, c'est-à-dire beaucoup d'attention. L'attention (qu'il me soit permis de le remarquer en passant) est un microscope qui, grossissant à nos yeux les objets sans les déformer, nous y fait appercevoir une infinité de ressemblances et de différences invisibles à l'œil inattentif. L'esprit, en tout genre, n'est proprement qu'un effet de l'attention.

Mais, pour ne pas m'écarter de mon sujet, j'observerai que toute idée et tout sentiment dont la découverte suppose dans un auteur et beaucoup de finesse et beaucoup d'attention ne recevra cependant pas le nom de *fin*, si ce sentiment ou cette idée sont ou mis en action dans une scene ou rendus par un tour simple et naturel. Le public ne donne pas le nom de *fin* à ce qu'il entend sans effort. Il ne désigne jamais par les épithetes qu'il unit à ce mot d'*esprit* que les impressions que font sur lui les idées ou les sentiments qu'on lui présente.

Ce fait posé, on entend donc par *idée fine* une idée qui échappe à la pénétration de la plupart des lecteurs : or elle leur échappe lorsque l'auteur saute les idées intermédiaires nécessaires pour faire concevoir celle qu'il leur offre.

Tel est ce mot que répétoit souvent M. de Fontenelle : « On détruiroit » presque toutes les religions si l'on « obligeoit ceux qui les professent à « s'aimer (1) ». Un homme d'esprit supplée aisément aux idées intermédiaires qui lient ensemble les deux pro-

(1) Ce qui peut être vrai des fausses religions n'est point applicable à la nôtre, qui nous commande l'amour du prochain.

positions renfermées dans ce mot (1); mais il est peu d'hommes d'esprit.

On donne encore le nom d'*idées fines* aux idées rendues par un tour obscur, énigmatique, et recherché. C'est moins à l'espece des idées qu'à la maniere de les exprimer qu'en général on attache le nom de *fin*.

Dans l'éloge de M. le cardinal

(1) Il en est de même de cet autre mot de M. de Fontenelle: *En écrivant*, disoit-il, *j'ai toujours tâché de m'entendre*. Peu de gens entendent réellement ce mot de M. de Fontenelle. On ne sent point comme lui toute l'importance d'un précepte dont l'observation est si difficile. Sans parler des esprits ordinaires, parmi les Malebranche, les Leibnitz, et les plus grands philosophes, que d'hommes, faute de s'appliquer ce mot de M. de Fontenelle, n'ont pas cherché à s'entendre, à décomposer leurs principes,

Dubois, lorsque, parlant du soin qu'il avoit pris de l'éducation de M. le duc d'Orléans, régent, M. de Fontenelle dit « que ce prélat avoit « tous les jours travaillé à se ren- « dre inutile » ; c'est à l'obscurité de l'expression que cette idée doit sa finesse.

Dans l'opéra de *Thétis*, lorsque cette déesse, pour se venger de

à les réduire à des propositions simples et toujours claires, auxquelles on ne parvient point sans savoir si l'on s'entend ou si l'on ne s'entend pas! Ils se sont appuyés sur ces principes vagues dont l'obscurité est toujours suspecte à quiconque a le mot de M. de Fontenelle habituellement présent à l'esprit. Faute d'avoir, si je l'ose dire, fouillé jusqu'au terrain vierge, l'immense édifice de leur système s'est affaissé à mesure qu'ils le construisoient.

Pélée, qu'elle croit infidele, dit,

Mon cœur s'est engagé sous l'apparence vaine
Des feux que tu feignis pour moi ;
Mais je veux l'en punir en m'imposant la peine
D'en aimer un autre que toi...

il est encore certain que cette idée et toutes les idées de cette espece ne devront le nom de *fines* qu'on leur donnera communément qu'au tour énigmatique sous lequel on les présente, et par conséquent au petit effort d'esprit qu'il faut faire pour les saisir. Or un auteur n'écrit que pour se faire entendre. Tout ce qui s'oppose à la clarté est donc un défaut dans le style ; toute maniere fine de s'exprimer est donc vicieuse (1) ; il faut donc

(1) Je sais bien que les tours fins ont leurs partisans. Ce que tout le monde entend facilement, diront-ils, tout le monde croit l'avoir pensé ; la clarté de l'expression est donc une mal-adresse de l'auteur :

être d'autant plus attentif à rendre son idée par un tour et une expression simple et naturelle, que cette

il faut toujours jeter quelques nuages sur ses pensées. Flattés de percer ce nuage impénétrable au commun des lecteurs, et d'appercevoir une vérité à travers l'obscurité de l'expression, mille gens louent avec d'autant plus d'enthousiasme cette maniere d'écrire, que, sous prétexte de faire l'éloge de l'auteur, ils font celui de leur pénétration. Ce fait est certain. Mais je soutiens qu'on doit dédaigner de pareils éloges, et résister au desir de les mériter. Une pensée est-elle finement exprimée ? il est d'abord peu de gens qui l'entendent ; mais enfin elle est généralement entendue. Or, dès qu'on a deviné l'énigme de l'expression, cette pensée est par les gens d'esprit réduite à sa valeur intrinseque, et mise fort au-dessous de cette même valeur par les gens médiocres. Honteux de leur peu de

idée est plus fine, et peut plus facilement échapper à la sagacité du lecteur.

Portons maintenant nos regards sur la sorte d'esprit désigné par l'épithete de *fort*.

Une idée forte est une idée intéressante, et propre à faire sur nous une impression vive. Cette impression peut être l'effet ou de l'idée même ou de la maniere dont elle est exprimée (1).

Une idée assez commune, mais

pénétration, on les voit toujours, par un mépris injuste, venger l'affront que la finesse d'un tour a fait à la sagacité de leur esprit.

(1) On désigne en Perse, par les épithetes de *peintres* ou de *sculpteurs*, l'inégale force des différents poëtes, et l'on dit en conséquence un *poëte peintre*, un *poëte sculpteur*.

rendue par une expression ou une image frappante, peut faire sur nous une impression assez forte. M. l'abbé Cartaut, par exemple, comparant Virgile à Lucain : « Virgile, dit-il, « n'est qu'un prêtre élevé au milieu « des grimaces du temple ; le carac« tere pleureur, hypocrite, et dévot, « de son héros déshonore le poëte ; « son enthousiasme semble ne s'é« chauffer qu'à la lueur des lampes « suspendues devant les autels, et « l'enthousiasme audacieux de Lu« cain s'allumer au feu de la fou« dre ». Ce qui nous frappe vivement est donc ce qu'on désigne par l'épithete de *fort*. Or le grand et le fort ont cela de commun, qu'ils font sur nous une impression vive ; aussi les a-t-on souvent confondus.

Pour fixer nettement les idées différentes qu'on doit se former du grand et du fort, je considérerai séparément ce que c'est que le grand et le fort; 1°. dans les idées, 2°. dans les images, 3°. dans les sentiments.

Une idée grande est une idée généralement intéressante; mais les idées de cette espece ne sont pas toujours celles qui nous affectent le plus vivement. Les axiomes du portique ou du lycée, intéressants pour tous les hommes en général, et par conséquent pour les Athéniens, ne devoient cependant pas faire sur eux l'impression des harangues de Démosthene, lorsque cet orateur leur reprochoit leur lâcheté. « Vous vous demandez « l'un à l'autre, leur disoit-il, Phi« lippe est-il mort? Hé! que vous im« porte, Athéniens, qu'il vive ou « qu'il meure? Quand le ciel vous « en auroit délivrés, vous vous feriez « bientôt vous-mêmes un autre Phi-

« lippe ». Si les Athéniens étoient plus frappés du discours de leur orateur que des découvertes de leurs philosophes, c'est que Démosthene leur présentoit des idées plus convenables à leur situation actuelle, et par conséquent plus immédiatement intéressantes pour eux.

Or les hommes, qui ne connoissent en général que l'existence du moment, seront toujours plus vivement affectés de cette espece d'idées que de celles qui, par la raison même qu'elles sont grandes et générales, appartiennent moins directement à l'état où ils se trouvent.

Aussi ces morceaux d'éloquence propres à porter l'émotion dans les ames, et ces harangues si fortes parcequ'on y discute les intérêts actuels d'un état, ne sont-elles pas d'une utilité aussi étendue, aussi durable, et ne peuvent-elles, comme les découvertes d'un philosophe, convenir également à tous les temps et à tous les lieux.

En fait d'idées, la seule différence entre le grand et le fort, c'est que l'un est plus généralement et l'autre plus vivement intéressant (1).

S'agit-il de ces belles images, de ces descriptions ou de ces tableaux faits pour frapper l'imagination? le fort et le grand ont ceci de commun, qu'ils doivent nous présenter de grands objets.

Tamerlan et Cartouche sont deux

(1) On dit quelquefois d'un raisonnement qu'il est fort, mais c'est lorsqu'il s'agit d'un objet intéressant pour nous: aussi ne donne-t-on pas ce nom aux démonstrations de géométrie, qui de tous les raisonnements sont sans contredit les plus forts.

brigands, dont l'un vole avec quatre cent mille hommes; et l'autre avec quatre cents hommes; le premier attire notre respect, et le second notre mépris (1).

Ce que je dis du moral je l'applique au physique. Tout ce qui par soi-même est petit, ou le devient par la comparaison qu'on en fait aux grandes choses, ne fait sur nous presque aucune impression.

Qu'on se peigne Alexandre dans l'attitude la plus héroïque, au moment qu'il fond sur l'ennemi: si l'imagination place à côté du héros l'un de ces fils de la Terre (2) qui, croissant par an d'une coudée en grosseur

(1) Tout devient ridicule sans la force, tout s'ennoblit avec elle. Quelle différence de la fripponnerie d'un contrebandier à celle de Charles-Quint!

(2) Aux yeux de ce même géant, ce

et de trois ou quatre coudées en hauteur, pouvoient entasser Ossa sur Pélion ; Alexandre n'est plus qu'une marionnette plaisante, et sa fureur n'est que ridicule.

Mais si le fort est toujours grand, le grand n'est pas toujours fort. Une décoration ou du temple du Destin ou des fêtes du Ciel peut être grande, majestueuse, et même sublime ; mais elle nous affectera moins fortement qu'une décoration du Tartare. Le tableau de la gloire des saints est moins fait pour étonner l'imagination que le jugement dernier de Michel-Ange.

Le fort est donc le produit du grand

César qui dit de lui, *veni*, *vidi*, *vici*, et dont les conquêtes étoient si rapides, lui paroîtroit se traîner sur la terre avec la lenteur d'une étoile de mer ou d'un limaçon.

uni au terrible. Or, si tous les hommes sont plus sensibles à la douleur qu'au plaisir; si la douleur violente fait taire tout sentiment agréable, lorsqu'un plaisir vif ne peut étouffer en nous le sentiment d'une douleur violente; le fort doit donc faire sur nous la plus vive impression; on doit donc être plus frappé du tableau des enfers que du tableau de l'olympe.

En fait de plaisirs, l'imagination, excitée par le desir d'un plus grand bonheur, est toujours inventive; il manque toujours quelques agréments à l'olympe.

S'agit-il du terrible? l'imagination n'a plus le même intérêt à inventer; elle est moins difficile en ce genre: l'enfer est toujours assez effrayant.

Telle est, dans les décorations, les descriptions poétiques, la différence entre le grand et le fort. Examinons maintenant si, dans les tableaux dramatiques et la peinture des passions, on ne retrouveroit pas la même différence entre ces deux genres d'esprit.

Dans le genre tragique, on donne le nom de fort à toute passion, à tout sentiment qui nous affecte très vivement, c'est-à-dire à tous ceux dont le spectateur peut être le jouet ou la victime.

Personne n'est à l'abri des coups de la vengeance et de la jalousie. La scene d'Atrée qui présente à son frere Thyeste une coupe remplie du sang de son fils, les fureurs de Rhadamiste qui, pour soustraire les charmes de Zénobie aux regards avides du vainqueur, la traîne sanglante dans l'Araxe, offrent donc aux regards des particuliers deux tableaux plus effrayants que celui d'un ambitieux qui s'assied sur le trône de son maître.

Dans ce dernier tableau le particulier ne voit rien de dangereux pour lui. Aucun des spectateurs n'est monarque : les malheurs qu'occasionnent souvent les révolutions ne sont pas assez imminents pour le frapper de terreur ; il doit donc en considérer le spectacle avec plaisir (1). Ce spectacle charme les uns en leur laissant

(1) C'est à cette cause qu'on doit en partie rapporter l'admiration conçue pour ces fléaux de la terre, pour ces guerriers dont la valeur renverse les empires et change la face du monde. On lit leur histoire avec plaisir ; on craindroit de naître de leur temps. Il en est de ces conquérants comme de ces nuages noirs et sillonnés d'éclairs ; la foudre qui s'élance de leurs flancs fracasse, en éclatant, les arbres et les rochers. Vu de près, ce spectacle glace d'effroi ; vu dans l'éloignement, il ravit d'admiration.

entrevoir dans les rangs les plus élevés une instabilité de bonheur qui remet une certaine égalité entre toutes les conditions, et console les petits de l'infériorité de leur état: il plaît aux autres en ce qu'il flatte leur inconstance; inconstance qui, fondée sur le desir d'une condition meilleure, fait, à travers le bouleversement des empires, toujours luire à leurs yeux l'espoir d'un état plus heureux, et leur en montre la possibilité comme une possibilité prochaine. Il ravit enfin la plupart des hommes par la grandeur même du tableau qu'il présente, et par l'intérêt qu'on est forcé de prendre au héros estimable et vertueux que le poëte met sur la scene. Le desir du bonheur, qui nous fait considérer l'estime comme un moyen d'être plus heureux, nous identifie toujours avec un pareil personnage.

Cette identification est, si je l'ose dire, d'autant plus parfaite, et nous nous intéressons d'autant plus vivement au sort heureux ou malheureux d'un grand homme, que ce grand homme nous paroît plus estimable, c'est-à-dire, que ses idées ou ses sentiments sont plus analogues aux nôtres. Chacun reconnoît avec plaisir dans un héros les sentiments dont il est lui-même affecté. Ce plaisir est d'autant plus vif que ce héros joue un plus grand rôle sur la terre; qu'il a, comme les Annibal, les Sylla, les Sertorius, et les César, à triompher d'un peuple dont le destin fait celui de l'univers. Les objets nous frappent toujours en proportion de leur grandeur. Qu'on présente au théâtre la conjuration de Gênes et celle de Rome; qu'on trace d'une main également hardie les caracteres du comte de Fiesque et de Catilina; qu'on leur donne la même force, le même courage, le même esprit, et la même élévation : je dis que l'audacieux Catilina emportera presque toute notre admiration; la grandeur de son entreprise se réfléchira sur son caractere, l'agrandira toujours à nos yeux; et notre illusion prendra sa source dans le desir même du bonheur.

En effet on se croira toujours d'autant plus heureux qu'on sera plus puissant, qu'on régnera sur un plus grand peuple, que plus d'hommes seront intéressés à prévenir, à satisfaire nos desirs, et que, seuls libres sur la terre, nous serons environnés d'un univers d'esclaves.

Voilà les causes principales du plaisir que nous fait la peinture de l'ambition, de cette passion qui ne doit le nom de grande qu'aux grands changements qu'elle fait sur la terre.

Si l'amour en a quelquefois occasionné de pareils; s'il a décidé la bataille d'Actium en faveur d'Octave; si, dans un siecle plus voisin du nôtre, il a ouvert aux Maures les ports de l'Espagne; et s'il a renversé successivement et relevé une infinité de trônes; ces grandes révolutions ne sont cependant pas des effets nécessaires de l'amour, comme elles le sont de l'ambition.

Aussi le desir des grandeurs et l'amour de la patrie, qu'on peut regarder comme une ambition plus vertueuse, ont-ils toujours reçu le nom de grands préférablement à toutes les autres passions : nom qui, transporté aux héros que ces passions inspirent, a été ensuite donné aux Corneille et aux poëtes célebres qui les ont peints. Sur quoi j'observerai que la passion de l'amour n'est cependant pas moins difficile à peindre que celle de l'ambition. Pour manier le caractere de Phedre avec autant d'adresse que l'a fait Racine, il ne falloit certainement pas moins d'idées, de combinaisons, et d'esprit, que pour tracer dans *Rodogune* le caractere de Cléopatre. C'est donc moins à l'habileté du peintre qu'au choix de son sujet qu'est attaché le nom de grand.

Il résulte de ce que j'ai dit que, si les hommes sont plus sensibles à la douleur qu'au plaisir, les objets de crainte et de terreur doivent, en fait d'idées, de tableaux, et de passions, les affecter plus fortement que les objets faits pour l'étonnement et l'admiration générale. Le grand est donc en tout genre ce qui frappe universellement, et le fort ce qui fait une impression moins générale, mais plus vive.

La découverte de la boussole est sans contredit plus généralement utile à l'humanité que la découverte d'une conjuration; mais cette derniere découverte est infiniment plus intéressante pour la nation chez laquelle on conjure.

L'idée du fort une fois déterminée, j'observerai que les hommes ne pouvant se communiquer leurs idées que par des mots, si la force de l'expression ne répond pas à celle de la pensée, quelque forte que soit cette pensée, elle paroîtra toujours foible, du moins à ceux qui ne sont point doués de cette vigueur d'esprit qui supplée à la foiblesse de l'expression.

Or, pour rendre fortement une pensée, il faut, 1°. l'exprimer d'une maniere nette et précise: toute idée rendue par une expression louche est un objet apperçu à travers un brouillard ; l'impression n'en est point assez distincte pour être forte; 2°. il faut que cette pensée, s'il est possible, soit revêtue d'une image, et que l'image soit exactement calquée sur la pensée.

En effet, si toutes nos idées sont un effet de nos sensations, c'est donc par les sens qu'il faut transmettre nos idées aux autres hommes; il faut donc, comme j'ai dit dans le chapitre de l'*imagination*, parler aux yeux pour se faire entendre à l'esprit.

Pour nous frapper fortement, ce n'est pas même assez qu'une image soit juste et exactement calquée sur une idée, il faut encore qu'elle soit grande sans être gigantesque (1) : telle

(1) L'excessive grandeur d'une image la rend quelquefois ridicule. Quand le *Psalmiste* dit que *les montagnes sautent comme des béliers*, cette grande image ne fait sur nous que peu d'effet,

est l'image employée par l'immortel auteur de l'*Esprit des lois*, lorsqu'il compare les despotes aux sauvages *qui, la hache à la main, abattent l'arbre dont ils veulent cueillir les fruits.*

Il faut de plus que cette image soit neuve, ou du moins présentée sous une face nouvelle.

C'est la surprise excitée par sa nouveauté qui, fixant toute notre attention sur une idée, lui laisse le temps de faire sur nous une plus forte impression.

On atteint enfin en ce genre au dernier degré de perfection lorsque l'image sous laquelle on présente une idée est une image de mouvement.

parcequ'il est peu d'hommes dont l'imagination soit assez forte pour se faire un tableau net et vif des montagnes sautant comme des cabrits.

Ce tableau, toujours préféré au tableau d'un objet immobile, excite en nous plus de sensations, et nous fait en conséquence une impression plus vive. On est moins frappé du calme que des tempêtes de l'air.

C'est donc à l'imagination qu'un auteur doit en partie la force de son expression, c'est par ce secours qu'il transmet dans l'ame de ses lecteurs tout le feu de ses pensées. Si les Anglais à cet égard s'attribuent une grande supériorité sur nous, c'est moins à la force particuliere de leur langue qu'à la forme de leur gouvernement qu'ils doivent cet avantage. On est toujours fort dans un état libre, où l'homme conçoit les plus hautes pensées, et peut les exprimer aussi vivement qu'il les conçoit. Il n'en est pas ainsi des états monarchiques: dans ces pays, l'intérêt de certains corps, celui de quelques particuliers puissants, et plus souvent encore une fausse et petite politique, s'oppose aux élans du génie. Quiconque dans ces gouvernements s'éleve jusqu'aux grandes idées est souvent forcé de les taire, ou du moins contraint d'en énerver la force par le louche, l'énigmatique, et la foiblesse de l'expression. Aussi le lord Chesterfield, dans une lettre adressée à M. l'abbé de Guasco, dit, en parlant de l'auteur de l'*Esprit des lois:* « C'est dommage « que M. le président de Montes« quieu, retenu sans doute par la « crainte du ministere, n'ait pas eu « le courage de tout dire. On sent « bien en gros ce qu'il pense sur « certains sujets ; mais il ne s'ex« prime point assez nettement et as« sez fortement. On eût bien mieux « su ce qu'il pensoit s'il eût com-

« posé à Londres, et qu'il fût né Anglais. »

Ce défaut de force dans l'expression n'est cependant point un défaut de génie dans la nation. Dans tous les genres qui, futiles aux yeux des gens en place, sont avec dédain abandonnés au génie, je puis citer mille preuves de cette vérité. Quelle force d'expression dans certaines oraisons de Bossuet et certaines scenes de *Mahomet!* tragédie qui peut-être, quelques critiques qu'on en fasse, est un des plus beaux ouvrages du célebre M. de Voltaire.

Je finis par un morceau de M. l'abbé Cartaut; morceau plein de cette force d'expression dont on ne croit pas notre langue susceptible. Il y découvre les causes de la superstition égyptienne.

« Comment ce peuple n'eût-il pas « été le peuple le plus superstitieux?

« L'Égypte, dit-il, étoit un pays
« d'enchantements; l'imagination y
« étoit perpétuellement battue par
« les grandes machines du merveil-
« leux; ce n'étoit par-tout que des
« perspectives d'effroi et d'admira-
« tion. Le prince étoit un objet d'é-
« tonnement et de terreur : semblable
« au foudre qui, reculé dans la pro-
« fondeur des nuages, semble y ton-
« ner avec plus de grandeur et de
« majesté, c'étoit du fond de ses
« labyrinthes et de son palais que le
« monarque dictoit ses volontés. Les
« rois ne se montroient que dans
« l'appareil effrayant et formidable
« d'une puissance relevée en eux
« d'une origine céleste. La mort des
« rois étoit une apothéose; la terre
« étoit affaissée sous le poids de leurs
« mausolées. Dieux puissants, l'É-
« gypte étoit par eux couverte de

« superbes obélisques chargés d'in-
« scriptions merveilleuses, et de py-
« ramides énormes dont le sommet
« se perdoit dans les airs : dieux
« bienfaisants, ils avoient creusé ces
« lacs qui rassuroient orgueilleuse-
« ment l'Égypte contre les inatten-
« tions de la nature.

« Plus redoutables que le trône et
« ses monarques, les temples et leurs
« pontifes en imposoient encore plus
« à l'imagination des Égyptiens. Dans
« l'un de ces temples étoit le colosse
« de Sérapis. Nul mortel n'osoit en
« approcher. C'étoit à la durée de ce
« colosse qu'étoit attachée celle du
« monde : quiconque eût brisé ce
« talisman eût replongé l'univers
« dans son premier chaos. Nulles
« bornes à la crédulité : tout dans
« l'Égypte étoit énigme, merveille,
« et mystere. Tous les temples ren-

« doient des oracles, tous les antres
« vomissoient d'horribles hurlements;
« par-tout on voyoit des trépieds
« tremblants, des pythies en fureur,
« des victimes, des prêtres, des ma-
« giciens qui, revêtus du pouvoir
« des dieux, étoient chargés de leur
« vengeance.

« Les philosophes, armés contre
« la superstition, s'éleverent contre
« elle; mais bientôt engagés dans le
« labyrinthe d'une métaphysique trop
« abstraite, la dispute les y divise
« d'opinions; l'intérêt et le fanatisme
« en profitent; ils fécondent le chaos
« de leurs systêmes différents; il en
« sort les pompeux mysteres d'Isis,
« d'Osiris, et d'Horus. Couverte alors
« des ténebres mystérieuses et su-
« blimes de la théologie et de la re-
« ligion, l'imposture fut méconnue.
« Si quelques Égyptiens l'apperçu-

« rent à la lueur incertaine du doute,
« la vengeance, toujours suspendue
« sur la tête des indiscrets, ferma
« leurs yeux à la lumiere et leur
« bouche à la vérité. Les rois mê-
« me, qui, pour se mettre à l'abri
« de toute insulte, avoient d'abord,
« de concert avec les prêtres, évoqué
« autour du trône la terreur, la su-
« perstition, et les fantômes de leur
« suite; les rois, dis-je, en furent
« eux-mêmes effrayés. Bientôt ils con-
« fierent aux temples le dépôt sacré
« des jeunes princes: fatale époque
« de la tyrannie des prêtres égyp-
« tiens! Nul obstacle alors qu'on pût
« opposer à leur puissance. Les sou-
« verains furent ceints dès l'enfance
« du bandeau de l'opinion; de libres
« et d'indépendants qu'ils étoient
« tant qu'ils ne voyoient dans ces
« prêtres que des fourbes et des en-

« thousiastes soudoyés, ils en de-
« vinrent les esclaves et les victimes.
« Imitateurs des rois, les peuples
« suivirent leur exemple, et toute
« l'Égypte se prosterna aux pieds
« du pontife et de l'autel de la su-
« perstition. »

Ce magnifique tableau de M. l'abbé Cartaut prouve, je crois, que la foiblesse d'expression qu'on nous reproche, et qu'en certains genres on remarque dans nos écrits, ne peut être attribuée au défaut de génie de la nation.

CHAPITRE V.

De l'esprit de lumiere, de l'esprit étendu, de l'esprit pénétrant, et du goût.

Si l'on en croit certaines gens, le génie est une espece d'instinct qui peut, à l'insu même de celui qu'il anime, opérer en lui les plus grandes choses. Ils mettent cet instinct fort au-dessous de l'esprit de lumiere, qu'ils prennent pour l'intelligence universelle. Cette opinion, soutenue par quelques hommes de beaucoup d'esprit, n'est cependant point encore adoptée du public.

Pour arriver sur ce sujet à quelque résultat, il faut, je pense, attacher des idées nettes à ces mots *esprit de lumiere.*

Dans le physique, la lùmiere est un corps dont la présence rend les objets visibles. L'esprit de lumiere est donc la sorte d'esprit qui rend nos idées visibles au commun des lecteurs. Il consiste à disposer tellement toutes les idées qui concourent à prouver une vérité, qu'on puisse facilement la saisir. Le titre d'esprit de lumiere est donc accordé par la reconnoissance du public à celui qui l'éclaire.

Avant M. de Fontenelle, la plupart des savants, après avoir escaladé le sommet escarpé des sciences, s'y trouvoient isolés, et privés de toute communication avec les autres hommes. Ils n'avoient point applani la carriere des sciences, ni frayé à l'ignorance un chemin pour y marcher. M. de Fontenelle, que je ne considere point ici sous l'aspect qui le met au rang des génies, fut un des premiers qui, si je l'ose dire, établit un pont de communication entre la science et l'ignorance. Il s'apperçut que l'ignorant même pouvoit recevoir les semences de toutes les vérités; mais que, pour cet effet, il falloit avec adresse y préparer son esprit; *qu'une idée nouvelle*, pour me servir de son expression, *étoit un coin qu'on ne pouvoit faire entrer par le gros bout.* Il fit donc ses efforts pour présenter ses idées avec la plus grande netteté; il y réussit: la tourbe des esprits médiocres se sentit tout-à-coup éclairée, et la reconnoissance publique lui décerna le titre d'esprit de lumiere.

Que falloit-il pour opérer un pareil prodige? simplement observer la marche des esprits ordinaires; savoir que tout se tient et s'amene dans l'univers; qu'en fait d'idées, l'igorance est toujours contrainte de céder à la force immense des progrès insensibles de la lumiere, que je compare à ces racines déliées qui, s'insinuant dans les fentes des rochers, y grossissent, et les font éclater. Il falloit enfin sentir que la nature n'est qu'un long enchaînement, et que, par le secours des idées intermédiaires, on pouvoit élever de proche en proche les esprits médiocres jusqu'aux plus hautes idées (1).

(1) Il n'est rien que les hommes ne puissent entendre. Quelque compliquée que soit une proposition, on peut, avec le secours de l'analyse, la décomposer en un certain nombre de propositions simples; et ces propositions deviendront évidentes lorsqu'on y rapprochera le *oui* du *non*, c'est-à-dire lorsqu'un homme ne pourra les nier sans tomber en contradiction avec lui-même, et sans dire à-la-fois que la même chose est et n'est pas. Toute vérité peut se ramener à ce terme;

L'esprit de lumiere n'est donc que le talent de rapprocher les pensées les unes des autres, de lier les idées déja connues aux idées moins connues, et de rendre ces idées par des expressions précises et claires.

Ce talent est à la philosophie ce que la versification est à la poésie. Tout l'art du versificateur consiste à

et, lorsqu'on l'y réduit, il n'est plus d'yeux qui se ferment à la lumiere. Mais que de temps et d'observations pour porter l'analyse à ce point, et réduire certaines vérités à des propositions aussi simples ! c'est le travail de tous les siecles et de tous les esprits. Je ne vois dans les savants que des hommes sans cesse occupés à rapprocher le *oui* du *non;* tandis que le public attend que, par ce rapprochement d'idées, ils l'aient, en chaque genre, mis en état de saisir les vérités qu'ils lui proposent.

rendre avec force et harmonie les pensées des poëtes; tout l'art des esprits de lumiere est de rendre avec netteté les idées des philosophes.

Sans exclure ni le génie ni l'invention, ces deux talents ne les supposent point. Si les Descartes, les Locke, les Hobbes, et les Bacon, ont à l'esprit de lumiere uni le genie et l'invention, tous les hommes ne sont pas si heureux. L'esprit de lumiere n'est quelquefois que le truchement du génie philosophique, et l'organe par lequel il communique aux esprits communs des idées trop au-dessus de leur intelligence.

Si l'on a souvent confondu l'esprit de lumiere avec le génie, c'est que l'un et l'autre éclairent l'humanité, et qu'on n'a point assez fortement senti que le génie étoit le centre et le foyer d'où cette sorte d'esprit tiroit les idées lumineuses qu'il réfléchissoit ensuite sur la multitude.

Dans les sciences, le génie, semblable au navigateur hardi, cherche et découvre des régions inconnues. C'est aux esprits de lumiere à traîner lentement sur ses traces et leur siecle et la lourde masse des esprits communs.

Dans les arts, le génie, moins à portée des esprits de lumiere, est comparable au coursier superbe qui, d'un pied rapide, s'enfonce dans l'épaisseur des forêts, et franchit les halliers et les fondrieres. Occupés sans cesse à l'observer, et trop peu agiles pour le suivre dans sa course, les esprits de lumiere l'attendent, pour ainsi dire, à quelques clairieres, l'y entrevoient, et marquent quelques uns des sentiers qu'il a battus; mais ils ne peuvent jamais en déterminer que le plus petit nombre.

En effet, si dans les arts tels que l'éloquence ou la poésie l'esprit de lumiere pouvoit donner toutes les regles fines de l'observation desquelles il dût résulter des poëmes ou des discours parfaits, l'éloquence et la poésie ne seroient plus des arts de génie; on deviendroit grand poëte et grand orateur comme on devient bon arithméticien. Le génie seul saisit toutes ces regles fines qui lui assurent des succès. L'impuissance des esprits de lumiere à les découvrir toutes est la cause de leur peu de réussite dans les arts même sur lesquels ils ont souvent donné d'excellents préceptes. Ils remplissent bien quelques unes des conditions nécessaires pour faire un bon ouvrage, mais ils omettent les principales.

M. de Fontenelle, que je cite pour

éclaircir cette idée par un exemple, a certainement, dans sa poétique, donné des préceptes excellents. Ce grand homme cependant n'ayant dans cet ouvrage parlé ni de la versification ni de l'art d'émouvoir les passions, il est vraisemblable qu'en observant les regles fines qu'il a prescrites il n'eût composé que des tragédies froides s'il eût écrit en ce genre.

Il suit de la différence établie entre le génie et l'esprit de lumiere que le genre humain n'est redevable à cette derniere sorte d'esprit d'aucune espece de découverte, et que les esprits de lumiere ne reculent point les bornes de nos idées.

Cette sorte d'esprit n'est donc qu'un talent, qu'une méthode de transmettre nettement ses idées aux autres. Sur quoi j'observerai que tout homme qui se concentreroit dans un genre, et n'exposeroit avec netteté que les principes d'un art, tel par exemple que la musique ou la peinture, ne seroit cependant point compté parmi les esprits de lumiere.

Pour obtenir ce titre, il faut, ou porter la lumiere sur un genre extrêmement intéressant, ou la répandre sur un certain nombre de sujets différents. Ce qu'on appelle de la lumiere suppose presque toujours une certaine étendue de connoissances. Cette sorte d'esprit doit par cette raison en imposer même aux gens éclairés, et, dans la conversation, l'emporter sur le génie. Que dans une assemblée d'hommes célebres dans des arts ou des sciences différentes on produise un de ces esprits de lumiere: s'il parle de peinture au poëte, de philosophie au peintre, de sculpture au philosophe, il exposera ses principes avec plus de précision et développera ses idées avec plus de netteté que ces hommes illustres ne se les développeroient les uns aux autres; il obtiendra donc leur estime. Mais que ce même homme aille mal-adroitement parler de peinture au peintre, de poésie au poëte, de philosophie au philosophe, il ne leur paroîtra plus qu'un esprit net, mais borné, et qu'un diseur de lieux communs. Il n'est qu'un cas où les esprits de lumiere et d'étendue puissent être comptés parmi les génies; c'est lorsque certaines sciences sont fort approfondies, et qu'appercevant les rapports qu'elles ont entre elles, ces sortes d'esprits les rappellent à des principes communs, et par conséquent plus généraux.

Ce que j'ai dit établit une différence sensible entre les esprits pénétrants et les esprits de lumiere et d'étendue:

ceux-ci portent une vue rapide sur une infinité d'objets; ceux-là, au contraire, s'attachent à peu d'objets, mais ils les creusent; ils parcourent en profondeur l'espace que les esprits étendus parcourent en superficie. L'idée que j'attache au mot *pénétrant* s'accorde avec son étymologie. Le propre de cette sorte d'esprit est de percer dans un sujet: a-t-il, dans ce sujet, fouillé jusqu'à certaine profondeur? il quitte alors le nom de *pénétrant*, et prend celui de *profond*.

L'esprit profond, ou le génie des sciences, n'est, selon M. Formey, que l'art de réduire des idées déja distinctes à d'autres idées encore plus simples et plus nettes, jusqu'à ce qu'on ait en ce genre atteint la derniere résolution possible. Qui sauroit, ajoute M. Formey, à quel point chaque homme a poussé cette analyse, auroit l'échelle graduée de la profondeur de tous les esprits.

Il suit de cette idée que le court espace de la vie ne permet point à l'homme d'être profond en plusieurs genres; qu'on a d'autant moins d'étendue d'esprit qu'on l'a plus pénétrant et plus profond, et qu'il n'est point d'esprit universel.

A l'égard de l'esprit pénétrant, j'observerai que le public n'accorde ce titre qu'aux hommes illustres qui s'occupent des sciences dans lesquelles il est plus ou moins initié; telles sont la morale, la politique, la métaphysique, etc. S'agit-il de peinture ou de géométrie? on n'est pénétrant qu'aux yeux des gens habiles dans cet art ou cette science. Le public, trop ignorant pour apprécier en ces divers genres la pénétration d'esprit d'un homme, juge ses ouvrages, et n'applique jamais à son esprit l'épithete de pénétrant; il attend pour louer que, par la solution de quelques problêmes difficiles, ou par la composition de tableaux sublimes, un homme ait mérité le titre de grand géometre ou de grand peintre.

Je n'ajouterai qu'un mot à ce que j'ai dit; c'est que la sagacité et la pénétration sont deux sortes d'esprit de même nature. On paroît doué d'une très grande sagacité lorsqu'ayant très long-temps médité, et ayant très habituellement présents à l'esprit les objets qu'on traite le plus communément dans les conversations, on les saisit et les pénetre avec vivacité. La seule différence entre la pénétration et la sagacité d'esprit, c'est que cette derniere sorte d'esprit, qui suppose plus de prestesse de conception, suppose aussi des études plus fraîches des questions sur lesquelles on fait preuve de sagacité. On a d'autant plus de sagacité dans un genre qu'on s'en est plus profondément et plus nouvellement occupé.

Passons maintenant au goût : c'est dans ce chapitre le dernier objet que je me sois proposé d'examiner.

Le goût, pris dans sa signification la plus étendue, est, en fait d'ouvrages, la connoissance de ce qui mérite l'estime de tous les hommes. Entre les arts et les sciences il en est sur lesquels le public adopte le sentiment des gens instruits, et ne prononce de lui-même aucun jugement; telles sont la géométrie, la méchanique, et certaines parties de physique ou de peinture. Dans ces sortes d'arts ou de sciences, les seuls gens de goût sont les gens instruits; et le goût n'est en ces divers genres que la connoissance du vraiment beau.

Il n'en est pas ainsi de ces ouvrages dont le public est ou se croit juge; tels sont les poëmes, les romans, les tragédies, les discours moraux ou politiques, etc. Dans ces divers genres on ne doit point entendre par le mot *goût* la connoissance exacte de ce beau propre à frapper les peuples de tous les siecles et de tous les pays, mais la connoissance plus particuliere de ce qui plaît au public d'une certaine nation. Il est deux moyens de parvenir à cette connoissance, et par conséquent deux différentes especes de goût. L'un que j'appelle goût d'habitude: tel est celui de la plupart des comédiens, qu'une étude journaliere des idées et des sentiments propres à plaire au public rend très bons juges des ouvrages de théâtre, et sur-tout des pieces ressemblantes aux pieces déja données. L'autre espece de goût est un goût raisonné : il est fondé sur une connoissance profonde et de l'humanité et de l'esprit du siecle. C'est particuliérement aux hommes doués de cette derniere espece de goût qu'il appartient de juger des ouvrages originaux. Qui n'a qu'un goût d'habitude manque de goût dès qu'il manque d'objets de comparaison. Mais ce goût raisonné, sans doute supérieur à ce que j'appelle goût d'habitude, ne s'acquiert, comme je l'ai déja dit, que par de longues études et du goût du public et de l'art ou de la science dans laquelle on prétend au titre d'homme de goût. Je puis donc, en appliquant au goût ce que j'ai dit de l'esprit, en conclure qu'il n'est point de goût universel.

L'unique observation qui me reste à faire au sujet du goût, c'est que les hommes illustres ne sont pas toujours les meilleurs juges dans le genre même où ils ont eu le plus de succès. Quelle est, me dira-t-on, la cause de ce phénomene littéraire? C'est, répondrai-je, qu'il en est des grands écrivains comme des grands peintres; chacun d'eux a sa maniere. M. de Crébillon, par exemple, exprimera quelquefois ses idées avec une force, une chaleur, une énergie, qui lui sont propres; M. de Fontenelle les présentera avec un ordre, une netteté, et un tour, qui lui sont particuliers; et M. de Voltaire les rendra avec une imagination, une noblesse et une élégance continues.

Or chacun de ces hommes illustres, nécessité par son goût à regarder sa maniere comme la meilleure, doit en conséquence faire souvent plus de cas de l'homme médiocre qui la saisit que de l'homme de génie qui s'en fait une. De là les jugements différents que portent souvent sur le même ouvrage et l'écrivain célebre, et le public, qui, sans estime pour les imitateurs, veut qu'un auteur soit lui, et non un autre.

Aussi l'homme d'esprit qui s'est perfectionné le goût dans un genre, sans avoir en ce même genre ni composé ni adopté de maniere, a-t-il communément le goût plus sûr que les plus grands écrivains. Nul intérêt ne lui fait illusion, et ne l'empêche de se placer au point de vue d'où le public considere et juge un ouvrage.

CHAPITRE VI.

Du bel esprit.

Ce qui plaît dans tous les siecles comme dans tous les pays est ce qu'on appelle le beau. Mais, pour s'en former une idée plus exacte et plus précise, peut-être faudroit-il en chaque art, et même en chaque partie d'un art, examiner ce qui constitue le beau. De cet examen l'on pourroit facilement déduire l'idée d'un beau commun à tous les arts et à toutes les sciences, dont on formeroit ensuite l'idée abstraite et générale du beau.

Dans ce mot de *bel esprit*, si le public unit l'épithete de *beau* au mot d'*esprit*, il ne faut cependant point attacher à cette épithete l'idée de ce vrai beau dont on n'a point encore donné de définition nette. C'est à ceux qui composent dans le genre d'agrément qu'on donne particulièrement le nom de bel esprit. Ce genre d'esprit est très différent du genre instructif. L'instruction est moins arbitraire. D'importantes découvertes en chymie, en physique, en géométrie, également utiles à toutes les nations, en sont également estimées. Il n'en est pas ainsi du bel esprit : l'estime conçue pour un ouvrage de ce genre doit se modifier différemment chez les divers peuples, selon la différence de leurs mœurs, de la forme de leur gouvernement, et de l'état différent où s'y trouvent les arts et les sciences. Chaque nation attache donc des idées différentes à ce mot de *bel esprit.* Mais, comme il n'en est aucune où l'on ne compose des poëmes, des romans, des tragédies, des panégyriques, des histoires (1), de ces ouvrages enfin qui occupent le lecteur sans le fatiguer ; il n'est point aussi de nation où, du moins sous un autre nom, on ne connoisse ce que nous désignons par le mot *bel esprit*.

Quiconque en ces divers genres n'atteint point chez nous au titre de génie est compris dans la classe des beaux esprits, lorsqu'il joint la grace et l'élégance de la diction à l'heureux choix des idées. Despréaux disoit, en parlant de l'élégant Racine : « Ce n'est

(1) Je ne parle point de ces histoires écrites dans le genre instructif, telles que les *Annales de Tacite*, qui, pleines d'idées profondes de morale et de politique, et ne pouvant être lues sans quelques efforts d'attention, ne peuvent, par cette même raison, être aussi généralement goûtées et senties.

« qu'un bel esprit, à qui j'ai appris « à faire difficilement des vers ». Je n'adopte certainement pas le jugement de Despréaux sur Racine; mais je crois pouvoir en conclure que c'est principalement dans la clarté, le coloris de l'expression, et dans l'art d'exposer ses idées, que consiste le bel esprit, auquel on ne donne le nom de beau que parcequ'il plaît, et doit réellement plaire, le plus généralement.

En effet, si, comme le remarque M. de Vaugelas, il est plus de juges des mots que des idées, et si les hommes sont en général moins sensibles à la justesse d'un raisonnement qu'à la beauté d'une expression (1), c'est

(1) Je rapporterai à ce sujet un mot de Malherbe. Il étoit au lit de la mort. Son confesseur, pour lui inspirer plus de ferveur et de résignation, lui décrivoit les

donc à l'art de bien dire que doit être spécialement attaché le titre de bel esprit.

D'après cette idée, on conclura peut-être que le bel esprit n'est que l'art de dire élégamment des riens. Ma réponse à cette conclusion, c'est qu'un ouvrage vuide de sens ne seroit qu'une continuité de sons harmonieux qui n'obtiendroit aucune estime (1); et qu'ainsi le public ne décore du titre

joies du paradis. Il se servoit d'expressions basses et louches. La description faite, « Eh bien! dit-il au malade, vous sentez-« vous un grand desir de jouir de ces plai-« sirs célestes? » — « Ah! monsieur, ré-« pondit Malherbe, ne m'en parlez pas « davantage; votre mauvais style m'en « dégoûte. »

(1) Un homme ne seroit plus maintenant cité comme homme d'esprit pour avoir fait un madrigal ou un sonnet.

de bel esprit que ceux dont les ouvrages sont pleins d'idées grandes, fines, ou intéressantes. Il n'est aucune idée qui ne soit du ressort du bel esprit, si l'on excepte celles qui, supposant trop d'études préliminaires, ne peuvent être mises à la portée des gens du monde.

Je ne prétends donner dans cette réponse aucune atteinte à la gloire des philosophes. Le genre philosophique suppose, sans contredit, plus de recherches, plus de méditations, plus d'idées profondes, et même un genre de vie particulier. Dans le monde, on apprend à bien exprimer ses idées ; mais c'est dans la retraite qu'on les acquiert. On y fait une infinité d'observations sur les choses; et l'on n'en fait dans le monde que sur la maniere de les présenter. Les philosophes doivent donc, quant à la profondeur des idées, l'emporter sur les beaux esprits : mais on exige de ces derniers tant de grace et d'élégance que les conditions nécessaires pour mériter le titre de philosophe ou de bel esprit sont peut-être également difficiles à remplir. Il paroît du moins qu'en ces deux genres les hommes illustres sont également rares. En effet, pour pouvoir à-la-fois instruire et plaire, quelle connoissance ne faut-il pas avoir et de sa langue et de l'esprit de son siecle ! Que de goût pour présenter toujours ses idées sous un aspect agréable ! que d'étude pour les disposer de maniere qu'elles fassent la plus vive impression sur l'ame et l'esprit du lecteur ! que d'observations pour distinguer les situations qui doivent être traitées avec quelque étendue, de celles qui, pour être senties, n'ont besoin que d'être présentées ! et quel art enfin pour unir toujours la variété à l'ordre et à la clarté, et, comme dit M. de Fontenelle, « pour « exciter la curiosité de l'esprit, mé- « nager sa paresse, et prévenir son « inconstance ! »

C'est en ce genre la difficulté de réussir qui sans doute est en partie cause du peu de cas que les beaux esprits font communément des ouvrages de pur raisonnement. Si l'homme borné n'apperçoit dans la philosophie qu'un amas d'énigmes puériles et mystérieuses, et s'il hait dans les philosophes la peine qu'il faut se donner pour les entendre, le bel esprit ne leur est guere plus favorable. Il hait pareillement dans leurs ouvrages la sécheresse et l'aridité du genre instructif. Trop occupé du *bien écrit*, et moins sensible au sens (1) qu'à l'élé-

(1) Rien de plus triste pour quiconque

gance de la phrase, il ne reconnoît pour bien pensé que les idées heureusement exprimées. La moindre obscurité le choque. Il ignore qu'une idée profonde, avec quelque netteté qu'elle soit rendue, sera toujours inintelligible pour le commun des lecteurs, lorsqu'on ne pourra la réduire à des propositions extrêmement simples; et qu'il en est de ces idées profondes comme de ces eaux pures et claires, mais dont la profondeur ternit toujours la limpidité.

D'ailleurs, parmi ces beaux esprits,

ne s'exprime pas heureusement, que d'être jugé par des beaux ou des demi-esprits. On ne lui tient point compte de ses idées; on le juge sur les mots. Quelque supérieur qu'il soit réellement à ceux qui le traitent d'imbécille, ils ne réformeront point leur jugement; il ne passera jamais près d'eux que pour un sot.

il en est qui, secrets ennemis de la philosophie, accréditent contre elle l'opinion de l'homme borné. Dupes d'une vanité petite et ridicule, ils adoptent à cet égard l'erreur populaire; et, sans estime pour la justesse, la force, la profondeur et la nouveauté des pensées, ils semblent oublier que l'art de bien dire suppose nécessairement qu'on a quelque chose à dire, et qu'enfin l'écrivain élégant est comparable au jouaillier, dont l'habileté devient inutile s'il n'a des diamants à monter.

Les savants et les philosophes, au contraire, livrés tout entiers à la recherche des faits ou des idées, ignorent souvent et les beautés et les difficultés de l'art d'écrire. Ils font en conséquence peu de cas du bel esprit; et leur mépris injuste pour ce genre d'esprit est principalement fondé sur une grande insensibilité pour l'espece d'idées qui entrent dans la composition des ouvrages de bel esprit. Ils sont presque tous plus ou moins semblables à ce géometre devant qui l'on faisoit un grand éloge de la tragédie d'*Iphigénie*. Cet éloge pique sa curiosité; il la demande, on la lui prête, il en lit quelques scenes, et la rend, en disant : « Pour moi, je ne « sais ce qu'on trouve de si beau « dans cet ouvrage ; il ne prouve « rien. »

Le savant abbé de Longuerue étoit à-peu-près dans le cas de ce géometre: la poésie n'avoit point de charmes pour lui ; il méprisoit également la grandeur de Corneille et l'élégance de Racine ; il avoit, disoit-il, banni tous les poëtes de sa bibliotheque (1).

(1) Il y a, disoit ce même abbé de Lon-

Pour sentir également le mérite et des idées et de l'expression, il faut, comme les Platon, les Montaigne, les Bacon, les Montesquieu, et quelques uns de nos philosophes que leur modestie m'empêche de nommer, unir l'art d'écrire à l'art de bien penser : union rare, et qu'on ne rencontre que dans les hommes d'un grand génie.

Après avoir marqué les causes du mépris respectif qu'ont les uns pour les autres quelques savants et quelques beaux esprits, je dois indiquer les

« guerue, deux ouvrages sur Homere « qui valent mieux qu'Homere lui-même; « le premier c'est *Antiquitates Homericæ*; le second c'est *Homeri Gnomologia, per Duportum.* Quiconque a « lu ces deux livres a lu tout ce qu'il y a « de bon dans Homere, et n'a point « essuyé l'ennui de ses contes à dormir « debout. »

causes du mépris où le bel esprit tombe, et doit journellement tomber, plutôt que tout autre genre d'esprit.

Le goût de notre siecle pour la philosophie la remplit de dissertateurs qui, lourds, communs, et fatigants, sont cependant pleins d'admiration pour la profondeur de leurs jugements. Parmi ces dissertateurs il en est qui s'expriment très mal : ils le soupçonnent; ils savent que chacun est juge de l'élégance et de la clarté de l'expression, et qu'à cet égard il est impossible de duper le public : ils sont donc forcés, par l'intérêt de leur vanité, de renoncer au titre de bel esprit pour prendre celui de bon esprit. Comment ne donneroient-ils pas la préférence à ce dernier titre? Ils ont ouï dire que le bon esprit s'exprime quelquefois d'une maniere obscure : ils sentent donc qu'en bornant leurs prétentions au titre de bon esprit ils pourront toujours rejeter l'ineptie de leurs raisonnements sur l'obscurité de leurs expressions ; que c'est l'unique et sûr moyen d'échapper à la conviction de sottise : aussi le saisissent-ils avidement, en se cachant autant qu'ils le peuvent à eux-mêmes que le défaut de bel esprit est le seul droit qu'ils aient au bon esprit, et qu'écrire mal n'est pas une preuve qu'on pense bien.

Le jugement de pareils hommes, quelque riches ou puissants qu'ils soient souvent (1), ne feroit cependant aucune impression sur le public s'il n'étoit soutenu de l'autorité de

(1) En général, ceux qui sans succès ont cultivé les arts et les sciences deviennent, s'ils sont élevés aux premiers postes, les plus cruels ennemis des gens de lettres. Pour les décrier ils se mettent à

certains philosophes qui, jaloux comme les beaux esprits d'une estime exclusive, ne sentent pas que chaque genre différent a ses admirateurs particuliers; qu'on trouve partout plus de lauriers que de têtes à couronner; qu'il n'est point de nation qui n'ait en sa disposition un fonds d'estime suffisant pour satisfaire à toutes les prétentions des hommes illustres; et qu'enfin, en inspirant le dégoût du bel esprit; on arme contre tous les grands écrivains le dédain de ces hommes bornés qui, intéressés à mépriser l'esprit, comprennent également sous le nom de bel esprit, qui ne leur est guere plus

la tête des sots; ils voudroient anéantir le genre d'esprit où ils n'ont pas réussi. On peut dire que, dans les lettres comme dans la religion, les apostats sont les plus grands persécuteurs.

connu, et les savants, et les philosophes, et généralement tout homme qui pense.

CHAPITRE VII.

De l'esprit du siecle.

CETTE sorte d'esprit ne contribue en rien à l'avancement des arts et des sciences, et n'auroit aucune place dans cet ouvrage s'il n'en occupoit une très grande dans la tête d'une infinité de gens.

Par-tout où le peuple est sans considération, ce qu'on appelle l'esprit du siecle n'est que l'esprit des gens qui donnent le ton, c'est-à-dire des hommes du monde et de la cour.

L'homme du monde et le bel esprit s'expriment l'un et l'autre avec élégance et pureté ; tous deux sont ordinairement plus sensibles au *bien dit* qu'au *bien pensé :* cependant ils ne disent ni ne doivent dire les mêmes choses (1), parceque l'un et l'autre se proposent des objets différents. Le bel esprit, avide de l'estime du public, doit, ou mettre sous les yeux de grands tableaux, ou présenter des idées intéressantes pour l'humanité, ou du moins pour sa nation. Satisfait, au contraire, de l'admiration des gens du bon ton, l'homme du monde ne s'occupe qu'à présenter des idées agréables à ce qu'on appelle la bonne compagnie.

J'ai dit dans le second discours qu'on ne pouvoit parler dans le

(1) Mille traits agréables dans la conversation seroient insipides à la lecture. « Le lecteur, dit Boileau, veut mettre à « profit son divertissement. »

monde que des choses ou des personnes; que la bonne compagnie est ordinairement peu instruite; qu'elle ne s'occupe guere que des personnes; que l'éloge est ennuyeux pour quiconque n'en est point l'objet, et qu'il fait bâiller les auditeurs. Aussi ne cherche-t-on dans les cercles qu'à malignement interpréter les actions des hommes, à saisir leur côté foible, à les persiffler, à tourner en plaisanterie les choses les plus sérieuses, à rire de tout, et enfin à jeter du ridicule sur toutes les idées contraires à celles de la bonne compagnie. L'esprit de conversation se réduit donc au talent de médire agréablement, et sur-tout dans ce siecle, où chacun prétend à l'esprit et s'en croit beaucoup; où l'on ne peut vanter la supériorité d'un homme sans blesser la vanité de tout le monde; où l'on ne distingue l'homme de mérite de l'homme médiocre que par l'espece de mal qu'on en dit; où l'on est, pour ainsi dire, convenu de diviser la nation en deux classes; l'une, celle des bêtes, et c'est la plus nombreuse; l'autre, celle des fous, et l'on comprend dans cette derniere tous ceux à qui l'on ne peut refuser des talents. D'ailleurs la médisance est maintenant l'unique ressource qu'on ait pour faire l'éloge de soi et de sa société. Or chacun veut se louer. Soit qu'on blâme ou qu'on approuve, qu'on parle ou qu'on se taise, c'est toujours son apologie qu'on fait. Chaque homme est un orateur qui, par ses discours ou ses actions, récite perpétuellement son panégyrique. Il y a deux manieres de se louer; l'une en disant du bien de soi; l'autre en disant du mal d'autrui. Les Cicéron, les Horace, et généralement tous les anciens, plus francs dans leurs prétentions, se donnoient ouvertement les louanges qu'ils croyoient mériter. Notre siecle est devenu plus délicat sur cet article. Ce n'est que par le mal qu'on dit d'autrui qu'il est maintenant permis de faire son éloge. C'est en se moquant d'un sot qu'on vante indirectement son esprit. Cette maniere de se louer est sans doute la plus directement contraire aux bonnes mœurs; c'est cependant la seule en usage. Quiconque dit de lui le bien qu'il en pense est un orgueilleux, chacun le fuit; quiconque, au contraire, se loue par le mal qu'il dit d'autrui est un homme charmant; il est environné d'auditeurs reconnoissants; ils partagent avec lui les éloges indirects qu'il se donne, et ne cessent d'applaudir à de bons mots qui les soustraient au chagrin de louer. Il paroît donc qu'en général la malignité des gens du monde tient moins au dessein de nuire qu'au desir de se vanter. Aussi l'indulgence est-elle facile à pratiquer, non seulement à leur égard, mais encore à l'égard de ces esprits bornés dont les intentions sont plus odieuses. L'homme de mérite sait que l'homme dont on ne dit aucun mal est en général un homme dont on ne peut dire aucun bien ; que ceux qui n'aiment point à louer ont communément été peu loués : aussi n'est-il point avide de leur éloge ; il regarde la sottise comme un malheur dont la sottise cherche toujours à se venger. « Qu'on « ne prouve aucun fait contre moi, « disoit un homme de beaucoup d'es- « prit ; que d'ailleurs on en dise tout « le mal qu'on voudra, je n'en serai « pas fâché ; il faut bien que chacun « s'amuse ». Mais si la philosophie pardonne à la malignité, elle n'y doit cependant point applaudir. C'est à des applaudissements indiscrets qu'on doit ce grand nombre de méchants qui, dans le fond, sont quelquefois les meilleures gens du monde. Flattés des éloges prodigués à la malignité, de la réputation d'esprit qu'elle donne, ils ne savent pas assez estimer en eux la bonté qui leur est naturelle ; ils veulent se rendre redoutables par leurs bons mots. Ils ont malheureusement assez d'esprit pour y réussir. Ils deviennent d'abord méchants par air, ils restent méchants par habitude.

Ô vous donc qui n'avez pas encore contracté cette funeste habitude, fermez l'oreille à ces louanges données à des traits satyriques aussi nuisibles à la société qu'ils y sont communs. Considérez les sources impures d'où sort la médisance (1). Rappelez-vous qu'indifférent aux ridicules d'un par-

(1) L'un médit parcequ'il est ignorant et oisif; l'autre parcequ'ennuyé, bavard, plein d'humeur, et choqué des moindres défauts, il est habituellement malheureux: c'est à son humeur plus qu'à son esprit qu'il doit ses bons mots. *Facit indignatio versum*. Un troisieme est né atrabilaire; il médit des hommes parcequ'il ne voit en eux que des ennemis : eh! quelle douleur de vivre perpétuellement avec les objets de sa haine! Celui-ci met de l'orgueil à n'être point dupe; il ne voit dans les hommes que des scélérats ou des frippons déguisés; il le dit, et souvent il dit vrai; mais enfin il se trompe quelquefois. Or je demande si l'on n'est pas également dupe, soit qu'on prenne le vice pour la vertu, ou la vertu pour le vice. L'âge heureux est celui où l'on est la dupe de ses amis et de ses maîtresses. Malheur à celui dont la prudence n'est

ticulier, le grand homme ne s'occupe que de grandes choses; qu'un

pas l'effet de l'expérience! La défiance prématurée est le signe certain d'un cœur dépravé et d'un caractere malheureux. Qui sait si le plus insensé des hommes n'est pas celui qui, pour n'être jamais dupe de ses amis, s'expose au supplice d'une méfiance perpétuelle? On médit enfin pour faire montre de son esprit: on ne se dit pas que l'esprit satyrique n'est que l'esprit de ceux qui n'en ont point. Qu'est-ce en effet qu'un esprit qui n'existe que par les ridicules d'autrui, et qu'un talent où l'on ne peut exceller sans que l'éloge de l'esprit ne devienne la satyre du cœur? Comment s'enorgueillir de ses succès dans un genre où, si l'on conserve quelque vertu, on doit chaque jour rougir de ces mêmes bons mots dont notre vanité s'applaudit, et qu'elle dédaigneroit si elle étoit jointe à plus de lumiere?

vieux méchant lui paroît aussi ridicule qu'un vieux charmant; que, parmi les gens du monde, ceux qui sont faits pour le grand se dégoûtent bientôt de ce ton moqueur en horreur aux autres nations (1). Abandonnez-le donc aux hommes bornés : pour eux la médisance est un besoin. Ennemis nés des esprits supérieurs, et jaloux d'une estime qu'on leur refuse, ils savent que, semblables à ces plantes viles qui ne germent et ne croissent

(1) Ce n'est qu'en France, et dans la bonne compagnie, qu'on cite comme homme d'esprit l'homme à qui l'on refuse le sens commun. Aussi l'étranger, toujours prêt à nous enlever un grand général, un écrivain illustre, un célebre artiste, un habile manufacturier, ne nous enlevera-t-il jamais un homme du bon ton. Or quel esprit que celui dont aucune nation ne veut!

que sur les ruines des palais, ils ne peuvent s'élever que sur les débris des grandes réputations; aussi ne s'occupent-ils que du soin de les détruire.

Ces hommes bornés sont en grand nombre. Autrefois on n'étoit envié que de ses pairs; à présent, que chacun aspire à l'esprit, et s'en croit, c'est presque le public en entier qu'on a pour envieux : ce n'est plus pour s'instruire, c'est pour critiquer, qu'on lit. Or, parmi les ouvrages, il n'en est aucun qui puisse tenir contre cette disposition des lecteurs. La plupart d'entre eux, occupés à la recherche des défauts d'un ouvrage, sont comme ces animaux immondes qu'on rencontre quelquefois dans les villes, et qui ne s'y promenent que pour en chercher les égouts. Ignoreroit-on encore qu'il ne faut pas moins d'esprit pour appercevoir les beautés que les défauts d'un ouvrage; et que, dans les livres, comme le disoit un Anglais, « il faut aller à la chasse des idées, « et faire grand cas du livre dont on « en rapporte un certain nombre? »

Toutes les injustices de cette espece sont un effet nécessaire de la sottise. Quelle différence à cet égard entre la conduite de l'homme d'esprit et celle de l'homme borné! Le premier profite de tout. Il échappe souvent aux hommes médiocres des vérités dont le sage se saisit : l'homme d'esprit qui le sait les écoute sans dégoût; il n'apperçoit communément dans la conversation que ce qu'on y dit de bien, et l'homme médiocre que ce qu'on y dit de mal ou de ridicule.

Perpétuellement averti de son ignorance, l'homme d'esprit s'instruit dans presque tous les livres : trop ignorant et trop vain pour sentir le besoin de s'éclairer, l'homme borné, au contraire, ne trouve à s'instruire dans aucun des ouvrages de ses contemporains; et, pour dire modestement qu'il sait tout, les livres, dit-il, ne lui apprennent rien (1); il va même jusqu'à soutenir que tout a été dit et pensé, que les auteurs ne font que se répéter, et qu'ils ne different entre eux que dans la maniere de s'exprimer. Ô envieux! lui diroit-on, est-ce aux anciens qu'on doit l'imprimerie, l'horlogerie, les glaces, les pompes à feu? Quel autre que Newton a, dans le siecle dernier, fixé les lois de la pesanteur? L'électricité ne nous offre-t-elle pas tous les jours une infinité de phénomenes nouveaux? Il n'est plus, selon toi, de découvertes à faire:

(1) Le savant, dit le proverbe persan, sait et s'enquiert; mais l'ignorant ne sait pas même de quoi s'enquérir.

mais, dans la morale même et dans la politique, où l'on devroit peut-être avoir tout dit, a-t-on déterminé l'espece de luxe et de commerce le plus avantageux à chaque nation? en a-t-on fixé les bornes? a-t-on découvert le moyen d'entretenir à-la-fois dans une nation l'esprit de commerce et l'esprit militaire? a-t-on indiqué la forme de gouvernement la plus propre à rendre les hommes heureux? a-t-on seulement fait le roman d'une bonne législation (1), telle qu'on pourroit, à la tête d'une colonie, l'établir sur quel-

(1) On n'entend pas même en ce genre les principes qu'on répete tous les jours. *Punir* et *récompenser* est un axiome. Tout le monde en sait les mots; peu d'hommes en savent le sens. Qui l'appercevroit dans toute son étendue auroit résolu, par l'application de ce principe, le problême d'une législation parfaite. Que

que côte déserte de l'Amérique ?

Le temps a fait, dans chaque siecle, présent de quelques vérités aux hommes ; mais il lui reste encore bien des dons à nous faire. On peut donc acquérir une infinité d'idées nouvelles. L'axiome prononcé, *que tout est dit et pensé*, est donc un axiome faux, trouvé d'abord par

de choses pareilles on croit savoir, et qu'on répete tous les jours sans les entendre! Quelle signification différente les mêmes mots n'ont-ils pas dans diverses bouches!

On raconte d'une fille en réputation de sainteté qu'elle passoit les journées entieres en oraison. L'évêque le sait; il va la voir. « Quelles sont donc les longues « prieres auxquelles vous consacrez vos « journées » ? — « Je récite mon *Pater*, « lui dit la fille ». — « Le *Pater*, reprend « l'évêque, est sans doute une excellente

l'ignorance, et répété depuis par l'envie. Il n'est point de moyens que l'envieux, sous l'apparence de la justice, n'emploie pour dégrader le mérite. On sait, par exemple, qu'il n'est point de vérité isolée, que toute idée nouvelle tient à quelques idées déja connues, avec lesquelles elle a nécessairement quelques ressemblances:

« priere; mais enfin un *Pater* est bientôt « dit ». — « Ô monseigneur, quelles idées « de la grandeur, de la puissance, de la « bonté de Dieu, renfermées dans ces « deux seuls mots, *Pater noster!* En « voilà pour une semaine de médita- « tion. »

J'en pourrois dire autant de certains proverbes. Je les compare à des écheveaux mêlés: en tient-on un bout? on en peut dévider toute la morale et la politique; mais il faut à cet ouvrage employer des mains bien adroites.

22.

c'est cependant de ces ressemblances que part l'envie pour accuser journellement de plagiat les hommes illustres nos contemporains (1). Lorsqu'elle déclame contre les plagiaires, c'est, dit-elle, pour punir les larcins littéraires, et venger le public. Mais,

(1) Sous le nom d'amour, Hésiode, par exemple, nous donne à-peu-près l'idée de l'attraction; mais dans ce poëte ce n'étoit qu'une idée vague : elle est, au contraire, dans Newton le résultat de combinaisons et de calculs nouveaux; Newton en est donc l'inventeur. Ce que je dis de Newton je le dis également de Locke. Lorsqu'Aristote a dit, *Nihil est in intellectu quod non prius fuerit in sensu*, il n'attachoit certainement pas à cet axiome les mêmes idées que M. Locke. Cette idée n'étoit tout au plus dans le philosophe grec que l'appercevance d'une découverte à faire, et dont l'honneur appartient en entier au philo-

lui répondroit-on, si tu ne consultois que l'intérêt public, tes déclamations seroient moins vives ; tu sentirois que ces plagiaires, sans doute moins estimables que les gens de génie, sont cependant très utiles au public; qu'un bon ouvrage, pour être généralement

sophe anglais. C'est l'envie seule qui nous fait trouver dans les anciens toutes les découvertes modernes. Une phrase vuide de sens, ou du moins inintelligible avant ces découvertes, suffit pour faire crier au plagiat. On ne se dit pas qu'appercevoir dans un ouvrage un principe que personne n'y avoit encore apperçu c'est proprement faire une découverte ; que cette découverte suppose du moins dans celui qui l'a faite un grand nombre d'observations qui menoient à ce principe; et qu'enfin celui qui rassemble un grand nombre d'idées sous le même point de vue est un homme de génie et un inventeur.

connu, doit avoir été dépecé dans une infinité d'ouvrages médiocres.

En effet, si les particuliers qui composent la société doivent se ranger sous plusieurs classes qui toutes ont pour entendre et pour voir des oreilles et des yeux différents, il est évident que le même écrivain, quelque génie qu'il ait, ne peut également leur convenir; qu'il faut des auteurs pour toutes les classes (1), des Neuville

(1) Je rapporterai à ce sujet un fait assez plaisant. Un homme se faisoit un jour présenter à un magistrat, homme de beaucoup d'esprit. « Que faites-vous? lui « demanda le magistrat ». — « Je fais des « livres, répondit-il ». — « Mais aucun de « ces livres ne m'est encore parvenu ». — « Je le crois bien, reprend l'auteur; je ne « fais rien pour Paris. Dès qu'un de mes « ouvrages est imprimé, j'en envoie l'é- « dition en Amérique : je ne compose « que pour les colonies. »

pour prêcher à la ville, et des Bridaine pour les campagnes. En morale comme en politique, certaines idées ne sont pas universellement senties, et leur évidence n'est point constatée qu'elles n'aient, de la plus sublime philosophie, descendu jusqu'à la poésie, et, de la poésie, jusqu'aux ponts-neufs. Ce n'est ordinairement que dans cet instant seul qu'elles deviennent assez communes pour être utiles.

Au reste cette envie, qui prend si souvent le nom de justice, et dont personne n'est entièrement exempt, n'est le vice d'aucun état. Elle n'est ordinairement active et dangereuse que dans des hommes bornés et vains. L'homme supérieur a trop peu d'objets de jalousie, et les gens du monde sont trop légers pour obéir long-temps au même sentiment : d'ailleurs ils ne haïssent point le mérite, et sur-tout le mérite littéraire, souvent même ils le protegent; leur unique prétention c'est d'être agréables et brillants dans la conversation. C'est dans cette prétention que consiste proprement l'esprit du siecle : aussi n'est-il rien qu'on n'imagine pour échapper en ce genre au reproche d'insipidité.

Une femme de peu d'esprit paroît entièrement occupée de son chien, elle ne parle qu'à lui : l'orgueil des auditeurs s'en offense ; on la taxe d'impertinence : on a tort. Elle sait qu'on est quelque chose dans la société lorsqu'on a prononcé tant de mots (1), qu'on a fait tant de gestes et tant de bruit : l'occupation de son chien est donc moins pour elle un amusement qu'un moyen de cacher

(1) C'est à ce sujet que les Persans disent : « J'entends le bruit de la meule, « mais je ne vois pas la farine. »

sa médiocrité : elle est à cet égard très bien conseillée par son amour-propre, qui, pour le moment, nous fait presque toujours tirer le meilleur parti de notre sottise.

Je n'ajouterai qu'un mot à ce que j'ai déja dit de l'esprit du siecle, c'est qu'il est facile de se le représenter sous une image sensible. Qu'on charge pour cet effet un peintre habile de faire, par exemple, les portraits allégoriques de l'esprit de quelques uns des siecles de la Grece, et de l'esprit actuel de notre nation. Dans le premier tableau ne sera-t-il pas forcé de représenter l'esprit sous la figure d'un homme qui, l'œil fixe, l'ame absorbée dans de profondes méditations, reste dans quelques unes des attitudes qu'on donne aux muses ? Dans le second tableau ne sera-t-il pas nécessité à peindre l'esprit sous les traits du dieu de la raillerie, c'est-à-dire sous la figure d'un homme qui considere tout avec un ris malin et un œil moqueur? Or ces deux portraits si différents nous donneroient assez exactement la différence de l'esprit des Grecs au nôtre. Sur quoi j'observerai que, dans chaque siecle, un peintre ingénieux donneroit à l'esprit une physionomie différente, et que la suite allégorique de pareils portraits seroit fort agréable et fort curieuse pour la postérité, qui, d'un coup-d'œil, jugeroit de l'estime ou du mépris que dans chaque siecle on a dû accorder à l'esprit de chaque nation.

FIN DU TOME CINQUIEME.

www.ingramcontent.com/pod-product-compliance
Ingram Content Group UK Ltd.
Pitfield, Milton Keynes, MK11 3LW, UK
UKHW021131260726
13994UKWH00001B/95

9 782019 726331